基督教历史与思想译丛

章雪富 / 主编　孙　毅　游冠辉 / 副主编

# 现代基要主义
# 不安的良心

## The Uneasy Conscience of Modern
## Fundamentalism

卡尔·亨利（Carl F. H. Henry）

陆　迦

The Uneasy Conscience of Modern Fundamentalism
by Carl F. H. Henry
originally published by Wm. B. Eerdmans Publishing Co.
© 1947 Wm. B. Eerdmans Publishing Co.
Published by Agreement
Through Beijing Abundant Grace Communications Ltd.

# 基督教历史与思想译丛 **总序**

在诸世界性宗教中,基督教因其信仰的历史性而具有特殊性。基督教所信奉的是一位历史的上帝,他道成肉身,经验人的软弱,与人类命运休戚相关,以无罪之身成为罪的赎价。在基督教而言,历史既是人记忆上帝的肉身,也是上帝救赎的经世。故而历代以降,基督教特别关注信仰群体对其所属时代的生活和思想的呈现,关注先贤们救赎经验的表达。历代基督徒的生平传记和著作本身是上帝在历史中的作为的彰显,对过往事件、人物和神学思想的研究本身则是基督教思想意识、信仰经验及情感内涵谱系的组成部分。基于当下的生存世界品读神学家、教会史以及其他事件的复杂形态,能够对历史的救赎特质有所诠释,显示基督信仰的历史品质,丰富基督教所谓的"为我们的上帝"观念的内涵。

本译丛所选译的诠释历代基督教思想及事件的著作也就不再是单纯的"述往",如同所有基督教经典作家们的初衷,本译丛的思想解读也着力于基督教共同体记忆的延伸,既努力地还原历代基督教的生存处境、思想情怀和喜乐忧戚,复原历代基督教及其神学的历史真貌,也呈现当代作者透过诠释和把握历史中的上帝及其共同体所要指向的精神之旅,成为塑造和传承的有力泉源,使得历史的诠释成为造成思想共识的桥梁,催生当代读者与历代基督教思想探索的某种共同视界,并借着对于历史意识的当代回归,使得蕴含在基督教文献中的思想内涵成为面向未来的真切记忆。

基督教是深深扎根于历史的宗教。历史地呈现基督教文献内涵,既可以清晰地观察其教义规范的形成进程,也可以了解历代教会及其信徒的生活处境,更能够从中理解千年以降的使徒统绪是如何被表达为普世万民的不同文化形式;历史地再现基督教的探索历程,有益于今天的读者更深层地了解一位历史中的上帝形象,以及他透过各种方式至今依然与生活所发生的种种关联。

是为序!

主编　章雪富
2013 年 12 月 8 日

致基督徒友人和曾经的同事

T.伦纳德·路易斯

(T. Leonard Lewis)

# 目录

# 前言

　　有些书很重要，不断再版，因为它们就像那些富于教育意义的博物馆文物，让我们得以瞥见已逝年代里那些精彩的洞见，了解富有创造力的思想家如何奋力解决他们所处时代的问题——那些问题与我们今天所要面对的迥然不同。

　　《现代基要主义不安的良心》不仅仅是一本博物馆文物。当然，它具备一些博物馆文物的特点，因为它明显是一本为 20 世纪 40 年代末期而写的书。一场灾难深重的世界大战刚刚结束，许多美国人正在思考新出现的各种文化挑战——无论是国内的，还是国际的。此后不久即成为新福音派（neo-evanglicalism）领袖的卡尔·亨利（Carl F. H. Henry）及他的同道们，深切担忧那些被称作"基要派"或"福音派"——这两个词在当时是可以互换的——的基督徒无力面对时代的重大议题。亨利在这本书中既对福音派的失败表达了不满，也发出了改革的呼吁。尽管不满和呼吁所针对的显然都是与我们今天完全不同的文化处境,但本书对我们这些深切关心福音事业的人仍有很多启发和激励之处。

不用说,我对这本书的喜爱也出于对我所在神学院的自豪。本书出版于 1947 年,正是富勒神学院(Fuller Theological Seminary)成立的那一年。卡尔·亨利是我们的建校师资之一。富勒的创校校长哈罗德·奥肯嘉(Harold John Ockenga)也为本书撰写了简短的导言。显然,亨利和奥肯嘉都把这本书看作为他们刚刚诞生的神学院确定了某种纲领。每逢有人问我富勒神学院的创校精神时,我常常提到这本书。创校异象的所有要素在字里行间都可以看到:对一种新的福音派学术的高度委身,愿意认真面对广阔思想世界中的重大议题;对一种更开放的福音主义的盼望,希望超越分离主义心态带来的藩篱;一种对文化参与的深切愿望,哪怕文化有其受造的复杂性。

然而,我对这本书的喜爱远远早于我与富勒的关系。我在 20 世纪 50 年代末还是大学生时,第一次读到这本书。这本书对我的思想产生了重大影响。当我进入研究生院继续学习时,我被迫要面对前所未有的、复杂的思想议题。当时,"激进的 60 年代"带来的骚动开始充斥校园。我发现,我的属灵成长环境并没有帮助我预备好去面对这一切,我几乎要放弃我的福音派信仰了,因为它和我所生活的世界完全不相干。但是,卡尔·亨利在这本小书中的慷慨陈词却印在我的脑海里,长久地影响着我。是的,在过去的半个世纪里,福音派从它对思想和文化的责任上来说是失败的,但是,希望仍然存在! 不仅推动一个参与思想和文化的福音主义是**可能的**,而且,在当前众多各行其是的神学派系对人类灵性上最深层的问题无力提供满意答案之际,一个以圣经权威为坚实基础的世界观,正是这个社会所迫切**需要的**。

在那个时代,当我亟需来自福音派的鼓励时,这本书以一种特别的方式鼓励了我。早在20世纪40年代,奥肯嘉和亨利在探讨福音主义"不安的良心"的各个层面时,就已经指出了那些后来备受关注的社会及政治方面的关键议题。他们列举福音派失败的例子,批评福音派在有关战争、种族、阶级以及帝国主义等问题上站错了立场。他们积极探讨这些问题,十年后,这些问题才在我的生活中变得日益突出。当60年代我发现自己身处文化激战中时,这本书的信息对我就更显宝贵了。

然而,以上的特质未能使这本书超出博物馆文物的地位。那么,今天这本书以什么方式仍然对我们说话呢?从表面上看,亨利呼吁福音派行动起来,广泛参与文化,这在今天似乎已经没有必要。在本书出版大约三十年后的20世纪70年代,一本主流新闻杂志的封面故事以粗体标题,宣告美国正在进入"福音派之年"。今天,福音派积极的社会参与,已被看作是理所当然的。讽刺的是,曾经指责福音派不参与公共生活的新教自由派(liberal Protestants),现在可能又巴不得福音派运动回归其不食人间烟火的模式!

但是,事实上,忠于圣经的基督教在某种程度上仍然承受着良心的不安。卡尔·亨利在20世纪40年代发出的呼吁不仅仅是一个行动主张,而是基于深思熟虑的神学反省,邀请福音派参与文化,而只有与系统性的心智培育密切相关的社会规划(social program)才可能支撑这样的神学反省。虽然福音派学术在过去几十年已经颇有成就,但基层的福音派行动与严谨的神学教义之间仍有许多不能衔接之处。因此,亨利在这本书里所提出的议题,仍值得持续关注。

还有一点必须提到的是,他关于优秀而合乎圣经的正统信仰应具备何种条件的看法,对我们很多人而言仍是真知灼见。虽然近几年福音派有很多值得称道的成就(包括基层事工和学术贡献),但是,当代福音派生活的各个层面也出现令人担忧的趋势:对福音真理的稀释,以及在福音派思想与各种"后现代"文化之间做轻易的妥协。卡尔·亨利对 20 世纪 40 年代福音派偏离圣经真理的纠正,对于我们今天仍有意义。基督教对人类文化的全方位参与,仍要在他提出的超自然主义(supernaturalistic)框架中进行。自 20 世纪 40 年代以来,我们人类的基本状况并没有改变,正如卡尔·亨利在本书中坚定而清晰地指出的:我们是一群悖逆上帝的人,极其需要重生,而上帝已借着基督在各各他山上成就的工作为我们预备了这一切。只有努力发掘这个揭示了事物本质的深刻洞见所包含的意义,我们才有希望将不安的良心转化为热切服侍的心志——服侍那位以至高的权能统管万有的上帝。

毛瑞祺(Richard J. Mouw)

2003 年

# 序言

我的一些福音派朋友认为,现在不是给基要主义"动手术"的时候,明智的做法是等待,直到基督教内部的张力减弱。

我不认为等待是明智的,有以下几个原因。

有这样一种担忧,它是出于对现实的审慎考虑,而非杞人忧天。这种担忧认为,如果我们不能复兴使徒时代的热情,基要主义在两代人之后将萎缩为仅能苟存的宗教派别,或者一旦天主教在美国雄踞一方,基要主义将再次沦为受人鄙视和排挤的教派。对我而言,唯一可行之道,是重新发掘上帝所启示的圣经和上帝的救赎大能,来挽救我们颓废的文化,再次赋予人类生活以重要意义。正是对古典哲学的重新发现,刺激了文艺复兴的人文主义,给西方文化带来灾难性的影响。现在,时机已经成熟,如果我们能够恰当地把握机会,就可以重新发现圣经及道成肉身对人类的重要意义。

而且,基要主义是一个不断被人肢解的对象。几乎没有人身处大学和世俗的学院——更不用说一些神学院——而意识不到我们正在备受攻击。很多服侍大学生的牧者抨击替代性救赎论（substitutionary atonement），指责它与人类的道德意识不符。（对于我们这些相信人类宗教情感已被罪玷污的人而言，人类的道德意识是不可靠的。这种道德意识把人带离救赎之路，使之仰赖人内在的良善。而现代人最需要被拯救，脱离这样的道德意识——这种道德意识对上帝所提供的救赎感到愤怒。）但这种对于核心教义的攻击并不令我感到沮丧，因为在未来某一天我们不再需要信心而是亲眼见到耶稣之前，启示与非启示的观点必然处于尖锐的对立之中。我更担忧的是，我们已经招致不必要的批评和奚落，因为我们很容易在某些场合高谈阔论我们立场中那些无关紧要、甚至是晦涩难明的方面，视其为最重要的观点，以至于我们没能以希伯来-基督教的全备精神与其当代对手交锋。随着文艺复兴理想的破灭，作为福音派，我们有必要对以下事情做出清楚的区分：哪些是基本教义，反映我们一致认同的超自然世界观和人生观；哪些是容许存在的分歧。虽然就这些分歧我们无法达成一致，却仍能忠实于以圣经为本的基督教本质。但除此之外，我吐露我的担忧是因为，我们还没有将基督教的精神，建设性地应用于那些亟待解决的社会问题。我们若不如此行，别人就不会听我们所讲的福音。或许我们还可以持续一两代人，甚至可以成为一支很有活力的宣教大军，抢救出许多人，我并不怀疑这一点；但是，如果我们想把救赎性的基督教作为世界问题的解决之道，那就要竭尽全力将之发扬光大。我并非没有留意到一些颇有成效的努力，如厄尔·皮尔斯（Earle V. Pierce）博士的著作《教会与世界局势》（*The Church and World Conditions*），但我仍然认为，我们还没有完全正视我们所处困境的严重性。

再者，我深知那些不认同超自然主义信仰的人，可能会歪曲或误解本书所流露的情绪，但我不会因此而踌躇不前。那些能够理解的人，会知道我书中所写的怀着"不安的良心"的人，不是那些对圣经真理感到困扰的人——在我看来，唯一能解决我们问题的，恰恰只有圣经真理——而是那些忧心于如何将圣经真理有效应用于现代人所遇到的重大问题，并常常感到挫败的人。我所关心的是基要真理的应用，而不是反对这些真理。

我也承认，把这种"不安"说成是普遍性的，可能过于乐观了。我们很多的圣经学院、福音派学院，甚至神学院，似乎还沉浸在对我们肩负的新责任的盲目无知之中。我的期待是，那些在刚读此书时毫无良心困扰的人，在看完本书前就能够心有戚戚焉。

最后我还想多说一句。很显然，要形成解决问题的方案需要很多建设性的努力。有时候我满足于陈述一个最低限度的共识，而不是武断地提出主张，为的是激发共同的努力。这本书是为我的福音派同道而写，希望他们不要把我的忐忑之语当作恶意中伤。我希望能和他们一同并肩而立，坚定我们的信念：我们在此世不仅是天路客，也是福音的大使。

本书各章内容曾以简短的形式呈现于我在戈登神学与宣教学院（Gordon College of Theology and Missions）所作系列普及讲座中。

卡尔·亨利

1947 年

# 引言

最近，我在一篇关于"教会在劳工危机中的影响力"的讲道中，引用了一位基督徒军人的话。他说："我在政治上是彻底的自由派，虽然我在信仰上是基要派。我不明白教会为什么在每个重大社会议题上总是站错立场。"另一位军人在文章中写道："基要主义出现了一种新动向。"

如果笃信圣经的基督徒在战争、种族、阶级、劳工、酗酒、帝国主义等社会问题上站错了立场，那么，现在是翻越篱笆站到正确立场上的时候了。教会需要一种对社会问题与时俱进的基要主义。

如果《使徒行传》15：13－18 为我们勾勒了上帝的计划，并且前千禧年主义是正确的，那么，教会或许无需谈论巴黎和会或酗酒问题，但也不应该对这些牵动人心的世界议题无动于衷。如果我们在基要派的分离主义和与世界基督教协进会（the World Council of Churches）[1] 合作之间摇摆不定，那是因为我们不愿意在道德问题上听之任之。但基要主义正是如此。亨利博士戳到了我们的痛处。但愿这篇短小精悍的专文,能在福音派圈子日渐增多的反对道德冷漠的言论中发出新的声音。合乎圣经的神学不可能把耶稣的怜悯、医治、服侍以及人的福祉拒之门外,救赎作为更高的道德境界,不可能违背道德自身。

关于上帝国度的言论,在斯坦利·琼斯(Stanley Jones)[2] 和加伯连(A. C. Gaebelein)[3] 的论述中几乎找不到共同点。对我而言,把上帝的国度看作一个整体更容易些,但它有不同的形式——神治国度、教会国度、千禧年国度——但所有的形式都是上帝的国度。除非人们承认上帝国度不同形式之间的连续和断裂,以及共有的原则和目标,否则人们永远无法理解这个问题。

正如从《马太福音》28:18-20 可以找到传福音的命令,从中也应该能找到关怀世界问题、社会需要和人格教育的基督教世界观和人生观。文化的生存倚赖这样的世界观和人生观,而基要主义正白白浪费掉几百年来的基督教文化积淀,这是一个严重的罪过。这一切的造成,皆因为基督徒把社会领域的责任丢给了世俗主义者。

本书对纠正基要派在动荡世界中的游离是一剂健康的良药,亨利博士完全有理由呼吁福音派(即基要派)要达成合一,团结起来共同面对社会的需要。

哈罗德·奥肯嘉

1947 年

注释:

1. 世界基督教协进会在当时被基要派看作是新教自由派的阵营。
2. 斯坦利·琼斯(Stanley Jones,1884-1973),美国循道会派往印度的宣教士,神学家。——译注
3. 加伯连(A. C. Gaebelein,1861-1945),美国循道会牧师。——译注

# 中译本导言

## 一

　　卡尔·亨利于 1913 年 1 月 23 日出生在纽约市。他的父亲是一位浸信会信徒,母亲则是天主教信徒;而他作为家里八个孩子中的长子,青少年时曾在圣公会接受了坚信礼,但不久就远离了教会。直到 1933 年 6 月 10 日,在他二十岁的时候,他相信自己经历了重生。

　　1935 年秋季,卡尔·亨利离开了他所从事的新闻领域,到惠顿学院(Wheaton College)去读神学。在惠顿求学期间,他与葛培理(Billy Graham)、林德赛尔(Harold Lindsell)等人成为朋友,后来他们都成为新福音派运动中的领袖人物。在惠顿学院的学习,以及与这些人物的交往,帮助他确立了以圣经为中心的保守世界观,坚固了他日后与新福音派的关系。

1938年，卡尔·亨利毕业后，他又选择了惠顿学院的硕士课程，同时也在附近的北方浸信会神学院（Northern Baptist Theological Seminary）开始选修课程。1941年他同时得到了惠顿学院及北方浸信会神学院的学位。1941年他在芝加哥的汉勃尔特（Humbolt）浸信会教会被按立为牧师。1942年，他在获得了北方浸信会神学院的神学博士学位后，被邀请在北方浸信会神学院任教，不久他又被邀请来到加州的富勒神学院担任教职。就是在这个成立不久的富勒神学院，他写作了这本《现代基要主义不安的良心》一书。

1956年，他到了华盛顿市，担任刚开始发行的福音派杂志《今日基督教》（Christianity Today）的创刊编辑。他在《今日基督教》工作了十二年。1967年因为和几位领导人对杂志的方向意见不同而离职。在此之后，卡尔·亨利主要从事研究和写作，并到一些福音派神学院中教课，直到2003年去世。

他出版的最重要的著作是1976－1983年间发行的《神、启示、权威》（God, Revelation and Authority）。不过，使他出名并引起人们关注的，还是他1947年出版的这本《现代基要主义不安的良心》。主要是因为他的这两本书，1983年他被公认为是"福音派神学最主要的诠释者，理论先驱之一，……且是此一领域中被公认的发言人"。[1]

在卡尔·亨利出生与成长的年代，就是19世纪末到20世纪上半叶，基督教思想领域出现的一个重要现象就是基要派与自由派神学思想的分裂。先是自由派神学思想的出现，因为受到近代研究圣经的新历史批判法，以及达尔文进化理论所带来的影响，试图通过一种自然主义的诠释，将基督宗教理解为从超自然主义的神话叙事逐渐发展演化为对人类道德和宗教情感的强化，以此来化解基督教传统与启蒙运动中出现的理性主义的冲突。因此，与之相随，为了捍卫基督教的信仰基础,1910 - 1915 年间,一个名为"基本要道:见证真理"(The Fundamentals:A Testimony to the Truth)的系列丛书在美国出版。这主要是由六十四位来自美国、英国、加拿大、德国的持保守立场的神学家联合创作的成果,其中包括九十篇论文,涉及基督信仰的核心、自由神学、科学、金钱、现代哲学、无神论、进化论、社会主义、摩门教等领域,强调圣经字句的无谬误、基督由童贞女所生、基督十架上的受难带来的代赎、基督身体的复活以及耶稣所行神迹的历史实在性等"基要主义五原则"。

以这套丛书为纲领,1919 年在北美成立了世界基督教基要派协会,力图维护基督教信仰的核心。1920 年代,基要派与自由派人士之间发生了激烈论战,最终基要派人士在 1930 年代之后被迫退出多个政治文化领域,一度退居于美国主流社会文化的边缘地带。这样的一个情况,正如乔治·马斯登(George Marsden)所评论的:"到 20 世纪 30 年代,情况已经令人痛苦地表明,自内而行的改革已无法阻止现代主义在北方各主要宗派中的扩散,越来越多的基要派开始把同美国主要宗派的分离当作一种信条。虽然大多数那些在 20 年代支持基要主义的人仍然留在他们的宗派内,但许多浸信会的神定时代论者和一些极具影响的长老会信徒正在呼吁分离。"[2] 在这个过程中,美国长老会所发生的分裂事件具有标志性的意义。

美国长老会中自由派与基要派之间的裂痕在一场公开的争论中被显明出来。1922 年 5 月 21 日,一位浸信会的牧师哈里·埃默森·福斯迪克(Harry Emerson Fosdick)被邀请到位于纽约市区的第一长老会教会讲道,他那天所讲的题目是"基要派会赢吗?",其中他认为,多数人因为受到现代科学影响,已经不能接受基督为童贞女所生、基督的代赎以及他的再来等教义;所以,只有宽容才能够让教会中持不同神学观点的人们相互接纳,共同维护教会的合一。他的这篇讲章被印成小册子而广为散发,因此引起了费城拱门街长老教会保守派牧师科拉伦斯·E. 麦卡尼(Clarence Edward Macartney)的回应。麦卡尼的讲章"不信仰会赢吗?"同样被印成小册子而广为散发。其中,他表明,自由派神学正在教会内推行世俗化,如果不引起注意的话,就会导致一个没有崇拜、没有耶稣基督、没有上帝、只有理论与原则的基督教。在这种争论的氛围下,"宽容和妥协已经是不可能的了。长老会信徒必须被迫作出决定,他们到底是——使用那些主角或领导者的范畴就是——'不信仰的自由派'还是'反动的基要派'。"[3]

在这个历史背景下,1923 年,在普林斯顿神学院任教的约翰·格雷汉姆·梅钦(John Gresham Machen)出版了他的《基督教与自由主义》(*Christianity and Liberalism*)。虽然他并不把自己看作是基要派,但他的这本书的出版,却使他成为那个时代基要派神学的代言人。在他所在的那个日益转向自由派神学的普林斯顿神学院,由于他的这个立场,使得他在教职的晋升上受到影响。1926 年,长老会总会专门成立了一个委员会,来调查普林斯顿神学院两派教授之间的神学立场分歧,并试图督促其相互间的和解。这个委员会于次年提交的报告认为,神学院中有个别教授只关注教会中某派的利益,而并没有以神学院整体的利益为重,建议改组神学院。当这个报告于1929 年最终被长老会总会接受时,导致包括梅钦在内的四名教员离开了普林斯顿神学院,而在费城创立了威斯敏斯特神学院。跟随他们一同离开的学生中,有卡尔·麦金泰尔(Carl McIntyre)和哈罗德·奥肯嘉,奥肯加后来成为对新福音派的发展作出了重要贡献的人物。

1933 年，由于不满于"长老会差会委员会"对一份自由派文件及其宣教路线的默认，梅钦及其跟随者推动组建了"长老会差会独立委员会"(Independent Board for Presbyterian Foreign Missions)，在双方分歧无法调和的情况下，1936 年，他们遭到长老会总会的问责与惩戒。梅钦与跟随他的一些牧师从长老会分离出来，成立了后来的"正统长老教会"(Orthodox Presbyterian Church)。这个完整的分离过程，特别典型地代表了基要派与受到自由派影响的主流派别的分离。

然而，随着时间的推移，在基要派内部也出现了不同的声音。1945 年，随着二次世界大战的结束，在北美发生了一场基督教奋兴运动。据统计，单就在基督教青年军建立的第一年里，就发起了将近九百场大型集会，总计约有一百万人参加了这些全国性的集会。[4] 正是在这种奋兴运动的背景下，惠顿学院的年轻毕业生葛培理作为这个组织的第一位专职布道者出现在人们的视野中。在随后的几年里，在基要派的阵营中，出现了一批这样的青年布道家及神学家，如卡尔·亨利和查尔斯·富勒(Charles Fuller)等，他们后来构成了基要派中持所谓积极或者包容主义观点的群体。

1947 年，当卡尔·亨利出版他的《现代基要主义不安的良心》这本书的时候，五年前成立的"美国福音派协会"此时已经拥有三十个教派，代表一百三十万名成员，在保守的基要派中已经具有相当的规模。虽然他在书中依然将自己看作是基要派，但本书已经显明在二战后的北美基要派中，逐渐表现出一种内部的分裂。基要派中持消极立场的宗派群体更加注重将自己与这个败坏的社会及其他有问题的宗派分离开来，并对后者持激烈批评的态度；持积极立场的群体则更愿意联络更多的教会及组织，而对自身分离主义的倾向持质疑态度。两个群体的分裂最终发生于 1957 年。当时为了在纽约成功地举办大型布道会,葛培理的团队接受了当地基督教教会联合会的援助。而持消极立场的宗派群体被这种试图要与自由派人士合作的行为所激怒,于是最终的分裂在所难免。[5] 分裂的结果就是,持积极立场的这个群体被人们称之为"新福音派",以区别于 16 世纪马丁·路德和 18 世纪约翰·卫斯理影响下的传统福音派。他们既承袭了基要派神学坚持基督信仰核心的立场,同时又在社会关怀和理性诉求上有更为开放的眼光。而持消极立场的基要派则逐渐被看成是反智的、不宽容的、分离主义的代名词。

## 二

在本书中,卡尔·亨利提到,有一次他曾对超过一百位的基要派牧师提出以下问题:"你们当中有多少人在过去六个月的讲道中,用较长的篇幅谈论并谴责侵略战争、种族仇恨和不宽容、私酒买卖、劳工剥削等等罪行——不只是偶尔提到或举例,而是直接抨击这些弊端,并提出你认为可行的方案?"(第 23 页[*])他说当时没有一个人举手回应。亨利用这个事例来表达存在于基要派教会的一个普遍现象:与社会及文化议题的分离。或许对于基要派的牧师来说,社会及其文化本身就是败坏的,教会只要把拯救灵魂的事情做好就可以了,上面所举出的那些其余的事情根本就不是教会应该关心的事情。

在卡尔·亨利看来,这种分离主义的倾向正是基要主义所陷入

---

[*] 本书中译本导言和附录部分括号中的页码,是指引用本书正文的页码,皆以楷体表示。下同。——编注

的困境,即越来越明确地将自己与所在的社会处境及其文化隔离开来,主动将自己从社会主流文化中边缘化。按照他在本书中的分析,这种分离主义的倾向主要有两个表现。

首先,基要派所传讲的福音失去了其本有的社会适切性。一方面,他们认识到自由派的社会方案中缺少救赎性,并不能够真正解决其所关心的社会问题;但另一方面,自己也没有找到福音对于当今社会的适切性与关联点。基要主义在坚持其所传讲之福音正统性的五原则的同时,却难以将福音与社会议题关联起来。"基要派圈子越来越意识到,尽管福音派基督教在启示与救赎方面坚持正统的认信,却越来越无法阐明福音的社会意义。"(第 28 页)其结果就是,"在重大社会议题方面,现代基要主义对现今世界的挑战却几乎荡然无存。"(第 37 页)这就是基要主义所陷入的主要困境:正在失去对社会生活的影响,难以对社会上的不公不义现象形成挑战。

其次,基要派失去了关注社会议题的热情。由于自身没有一些有影响力的社会议题,只能将注意力转向批判及抵制自由派对于社会议题的解决方案所存在的错谬上。因此,给基要派(当时亨利将其与福音派等同)带来的困境就是,"福音派人士只能被局限在两者之间做出不自在的选择——或者抨击当代的社会改革家,为公认的罪恶寻找解决办法,或者与那些他们在意识形态上无法认同的人同行。"(第 33 页)大多数基要派人士选择了前者,即在针对自由派的抵制与不合作中,从社会议题中抽离出来,以便与他们无法认同的人分道扬镳。不过,也有少数基要派人士一方面强调其所持有的基本信仰立场,另一方面又在社会议题方面与他们在神学立场上无法认同的人相认同,从而不自觉地陷入到内在的矛盾之中。

如果从亨利的角度来看,他所在其中的基要主义已经深陷于上述的困境中,那么在他看来,造成其陷入到这种困境的原因是什么?

首先,在作者看来,从历史的角度来看,这个困境并非只在现代出现,使徒时期以后,教会对社会的热情就逐渐失去。虽然宗教改革曾试图恢复使徒时期的传统,但路德在其宗教改革过程中,并没有完成这样的任务,"宗教改革之父马丁·路德倾尽全力反对中世纪靠行为称义的观念,但是,他却没能令人满意地发掘出福音信息中的道德含义。"(第42页)路德站在他那个时代的处境下,将突出爱的个人伦理与强调公义的社会伦理做了区别。而这种区别经过启蒙运动以后,更多地将在道德层面上实践爱的宗教活动局限于个人生活领域,而将在政治或法律层面上实现公平与公义的议题归给社会公共领域,正如同时期莱因霍尔德·尼布尔(Reinhold Niebuhr)在其《道德的人与不道德的社会》一书中所表达的,从而使社会公共议题完全与救赎议题脱离了关系。

其次,如果抛开启蒙思想的影响,单就教会内部来说,其实也存在着两种教会-社会观。在历史上,宗教改革所形成的基督新教出现了两种有张力的教会-社会之关系的图景,即主流改革派(又称宪制化宗教改革,the magisterial Reformation)与极端改革派(以重洗派为主)的教会-社会观。这两种教会-社会观的最大区别就在于,前者比较强调教会与社会的关联方面,而后者则比较强调教会与社会文化之间的区别方面。后者源自于重洗派的社会观,比较强调与异质的社会文化的分离,而将救赎仅与个人灵魂的得救关联起来。这种倾向,特别是在自由主义的社会福音派兴起以后,作为与其区别所表现的一种反弹,在基要派中更是得到加强。就是说,今天基要派与自由派所表现出来的两种社会观,在某种意义上,不过是宗教改革时期两种社会观在今天的放大。

# 三

如果说在本书中,卡尔·亨利比较深入地揭示了基要主义在现代所陷入的困境及其原因,那么,在其所涉及的基督教历史传统的层面上,他所理解的福音信息中果真有他所期待的那种社会含义吗? 如果真有的话,他又是怎样在现代的处境下将其阐释出来的? 对于这些问题,站在当时两次世界大战后的废墟上,卡尔·亨利确信,初期使徒所传讲的福音对当前这个有待重建的社会有着十分重要的意义。

首先,对于第一个问题,卡尔·亨利相信,初期使徒所宣讲的基督的福音中确实包含丰富的社会含义,具体体现在使徒所传讲的有关上帝之国的信息中,包含了改变社会的基本观念。在耶稣复活升天前,门徒依然在问,"你复兴以色列国就在今天吗?"不只是表达了门徒自己的理想,也实际表达了上帝之国的信息中针对社会的特有维度。在本书的论述中,卡尔·亨利在这里涉及到使徒所传讲的上帝之国所具有的已然与未然的特点。在这个已然与未然之张力的前提下,亨利对福音之社会维度的看法所带来的问题是,在已然来临的上帝之国中,上帝之国与世俗之国有着怎样的关系,上帝之国在世俗之国之中产生了哪些影响,带来了哪些不同? 其实,卡尔·亨利并没有直接回答这些问题。不过,他引用保罗的话表达出上帝之国对世俗之国的影响是实实在在地存在着的:"保罗在《罗马书》中写道,上帝的国度意味着'公义、和平并圣灵中的喜乐'(罗 14:17);在《哥林多前书》里他指出,上帝的国度'不在乎言语,乃在乎权能'(林前 4:20)。"(第 50 页)

虽然卡尔·亨利在本书中没有直接讨论上帝之国与世俗之国的关系,但上帝之国对世俗之国之无可避免的影响让他相信,包含救赎在内的福音是解决社会问题的根本方法。基督在十字架上的救赎,不单针对着个体的灵魂是有功效的,同时也适应整个社会的处境。"从耶稣的观点来看,救赎适用于一切全球性的问题。不论是在政治、经济、学术方面,还是娱乐方面,它都给这个疲乏的世界带来唯一可满足的安息。它是评估一切非基督教解决方案的基础。"(第41页)如果站在这个高度来看,表面看似不相干的救赎层面的解决原则,总能够在处境中落实为与解决社会问题相适应的做法,就如施洗约翰回应问他的那些人,无论是税吏还是兵丁,他给出的回答都是落实到具体社会行为上。[6]不过,卡尔·亨利没有明确地区别这两个层面,虽然他还是分别地讨论到这两个层面的问题。

其次,对于第二个问题,卡尔·亨利的处理方式是,将这种福音传统所包含的社会意义在今天的处境下具体地阐释出来,主要体现为坚持那些他所概括的比基要主义五原则更宽广的基本信念:

> 基要主义坚信宇宙是有目的、有道德的,反对一个完全如数学般精确的宇宙;它坚信一个有位格的上帝,反对非位格的终极实存,无论是时空,还是各种生命冲动;它坚信上帝的创造,反对自然主义的进化论;它坚信人的独特性是上帝所赋予的,而非由于人类的进步;它坚信人的困境不是由于动物的遗传,也不是人性的必然,而是主要因为他背叛上帝;它坚信救恩只能来自上帝,反对人可以自救;它坚信圣经是启示,告诉人们上帝在耶稣基督里作为人的救赎主道成肉身,反对把圣经看作只是一本记载宗教经验的书,与众多的宗教书籍毫无分别;它坚信历史与人

接受或拒绝神-人息息相关,而不只是发生在各国中的历史;它坚信未来如何并不是一个开放性的问题,世界正走向人类未来审判的最终结局。(第 54-55 页)

这里不是单涉及到基要主义的五原则,或者有争议的时代论的前千禧年观念,而是要在这个大的更为整全的视野或框架下,坚持一种他所认为的基督教的世界观。

在他所认为的可以代表福音派立场的这个整全的世界观的视野下,参与改革社会的基本目标就不是推动社会进步,而是使社会更多关注基督之救赎与和解。基要主义既不是要避免社会文化,在参与社会议题面前止步不前,也不是要被自由派或非宗教人士所提出的社会议题牵引着走,而是要看到这些社会议题所涉及到的更深层面,在有终极目标的前提下来参与。"现代福音主义无需把建立'高级文明'作为首要目标,这样做会陷入昔日自由主义的错谬。现代福音主义最重要的目标是向罪人宣告救赎恩典。……上帝对人类自欺之罪的翻转,是解决政治、经济或社会问题的唯一真正答案。"(第 71 页)按照亨利的表达,基要派或福音派群体参与社会,最终的目标是要让社会认识到耶稣基督之救赎的必要性。虽然这种救赎之必要性与具体社会议题的结合还要看社会处境,不一定会马上以某种具体社会议题的解决方案的面目出现。因此,参与社会问题,并不一定是支持或反对某种社会议题及其解决方案,不是要被现有的这些社会议题限制住,而是要有新的视野。

这个地方让人想到朋霍费尔所言,终极实在与仅次于终极之实在的关系。如果人们还没有透过信仰达到终极层面,从而跳出世俗世界议题之外,就仍然会被这个世界的思维方式(世界观)以及做事方式(价值观念)支配着,那么在关于社会的议题方面就会被现有的议题及解决方案牵着走。对于有生命重生的人来说,当他从终极层面再反观世俗社会,就可能从其思路中跳出来,看到一个不一样的视域,并因此具体化出不一样的思路与议题。如果用比较哲学性的术语来表达就是,基要派神学所表现的倾向是:在将上帝看作终极实在的同时,将日常生活世界看作败坏无意义的,因此只看到了终极实在,而没有看到日常生活世界的实在性。自由派神学所表现的是相反的倾向:将看得见的世俗社会事务及其议题看作是最重要的,当作是上帝之国之实在的呈现,因此用这个日常生活世界代替上帝之国成为终极的实在,由此取消了真正的终末的维度。

用朋霍费尔所使用的抽象术语来说,只有在基督的救赎与和解中,"自然的"社会生活才被置于其所当有的恰当位置上:即为仅次于终极之实在。[7]一方面,由于其所具有的相对独立性,它实际上是一种实在;但另一方面,它又不是终极实在,而是次于终极的实在。他肯定"自然的"生活世界之实在性不是说存在着两元实在,而是同一个实在表现出两个层面。朋霍费尔时常说上帝之实在与世界之实在在基督里合为一个实在,即基督之实在。[8]在基督里的和解不是说合成了一个实在,而是在基督的和解中,这两层实在才有可能以和解的方式存在。就是说,这两个层面之实在的关系并不是现成自在的,一般人所持的或者是一元实在观,或者是多元实在观。只有在基督里的和解中,这个表达相当于卡尔·亨利所说,只有经历重生的人,才有可能活在撑开的这两个层面之间,即更加真实地生活于终极之事与仅次于终极之事之间。这个撑开是就"已然与未然"的张力来说的,正是卡尔·亨利所讲的上帝之国所具有的"已然与未然"的关系。把握了这个张力,具有终极意义的福音之社会维度就显出了其在仅次终极层面上在当代处境下的具体含义。

# 四

在这本书随后的章节中，卡尔·亨利并没有停留在基督救赎的或世界观的层面来谈论福音派对社会的参与，而是落实到一些具体的策略层面来讨论。简要地概括他在本书中的讨论，有如下两个方面。

首先，他强调在每一个社会领域，显出以个人重生为前提所可能彰显出来的生命影响。"基督徒的新生命必须在重生者身上、在信徒生活的每一个领域中活出来，直到未重生者被基督教的道德水准所打动，并承认信仰的力量。"（第 62 页）

在众多社会领域中，卡尔·亨利特别提到教育领域。"福音派要争取在教育领域中建立新的秩序。"（第 61 页）在教育领域中的这个工作涉及到两个方面，"首先，必须在每个研究领域中撰写有分量的作品，包括从小学到大学的每一个阶段。……第二，虽然现在国家把持着教育机构，但基要主义者不能因此而舍弃福音派的职责——向大众宣扬基督教的世界观和人生观。"（同上）在后来的发展中，重新回到那些似乎是被自由派所把持的学校或大学之中，成为新福音派积极回到社会主流的重要标志。由此可以看到卡尔·亨利的见解所产生的影响。

对比同时期莱因霍尔德·尼布尔对于参与社会问题的看法，基本上认定个人生命的转变或道德的提升并不能够解决社会（群体）的问题，就会发现，尼布尔已经有了某种理论的前设，即在个人与群体之间所作出的领域划分。而在卡尔·亨利的这本书中，由于并没有将个人与群体的划分当作是基本前提,所以从福音派角度来看,对社会的参与,就十分明确地突出了对信徒之重生的强调。从卡尔·亨利所处之福音派角度来看,每个重生的基督徒都一定会产生其生命的影响力。他相信,每个重生之信徒在其生活的世界中,应当也一定会发出生命的盐与光的作用。如果没有这种影响作用,也就很难说这个人有重生的生命。在这个前提下,我们可以尝试用卡尔·亨利的看法来回应尼布尔的问题,虽然卡尔·亨利本人并没有直接这样做。

可以从两个方面来设想其对尼布尔问题的回应。首先,如果在一个群体中,比如教会,这种重生之人的比例达到一定程度,这个群体的生命或生活样式一定会与其他群体有所不同;并且,在一个社会中,如果有这种生命之影响的教会的比例达到一定程度,这个社会还是会受到相当程度的影响。其次,重生生命通过上述途径对社会的影响,相对尼布尔所期待的议题或方向来说,可以有某种不同。尼布尔所期待的可能是社会层面上的政治议题的解决,主要是解决社会公义问题;而重生生命所产生的影响要远远地超出这个层面,可以达到道德或灵性的层面。对亨利来说,社会问题从根本处来说都是灵性层面的问题带来的。"尽管现代的各种危机从根本上而言,并非政治、经济或社会性的危机——其本质是宗教性的危机,但福音主义在提供解药时,必须能够针对现代政治-经济和社会处境开出良方。"(第 70 页)在他看来,如果触及不到人的灵性层面的问题,现代文明不可能有令人满意的安宁。

第二个方面的策略,在卡尔·亨利看来就是,福音派在参与社会中,应与其他有志改革社会的人合作,无论他们是自由派还是非宗教人士,而不只是激烈地批评这些与自己不同的派别。当然,在这种合作中,基本的原则是:"福音派对罪恶的反对永不会改变,所以它不仅应该与所有值得敬佩的改革运动长期与共,还应对其给予适当的指导。它必须不遗余力地谴责所有的社会罪恶,同时又坚信一个可持续的解决方案只能建立在救赎基础上。"(第 66 页)从这里可以看到,福音派批评和反对的对象永远应当对准社会罪恶,而不是那些试图改革社会、解决这些社会问题的自由主义派别或非宗教人士。在参与和改革社会问题方面,福音派应当与他们站在一起。

不过,卡尔·亨利并没有掩盖福音派与其他派别之间的区别。其中最为重要的区别就是他对解决社会问题必须要以救赎为基础的坚持。体现在具体策略的层面上,作者区别了福音派所处不同位置时所坚持的立场要有一定的不同:"(1)当福音派是多数派时,要在谴责抨击中坚持基督教的救赎是唯一真正的解决方案;(2)当福音派是少数派时,要以'抗争原则'来反对罪恶,热忱地投入抨击社会弊端的行动中,同时坚持救赎重生才是永久改变这些弊端的唯一途径。"(第 67 页)就是说,福音派参与社会问题,从消极角度来说,目标是明确的,就是要勇敢地批评社会群体中呈现出来的恶与不公义的现象,特别是处在少数派的时候,要以批评为主。而从积极角度来说,一定是先有终极性的目标,即让人们认识到耶稣基督救赎之必要,然后才可能在具体处境下呈现出具体议题或目标,这些议题或目标包括促进社会各群体在真理中的和解。

## 五

就历史意义及影响来看,卡尔·亨利这本书的发表,用德克·杰勒玛(Dirk Jellema)的话来说,犹如"新福音派的宣言",在福音派的立场上吹响了"文化参与"的进军号角。[9]可以说是表达出新福音派教会与基要派教会的一个重要区别：社会关怀及参与意识的再醒。

社会关怀与参与意识的再醒是这个时期福音派运动兴起的一个重要方面。用弗朗西斯·薛华(Francis A. Schaeffer)的话来说，"福音派"这个术语，"意味着信仰圣经，但又没有把自己摈弃于整个生活的范围之外，并力图使基督教同社会、政府和文化的现行需要发挥有效的接触。它具有将人们引向救主基督、但同时又力图在文化中作盐作光的涵义。"[10]当然，这里所说"有效的接触"并非以对社会文化的现行议题采取妥协为前提，那样的话就与自由派没有什么区别了。在经历了两次世界大战之后，自由派的议题及其做法已经被福音派广泛地认识到，就把人引向基督同时又能够转化社会文化这个目标来说，并不是真正"有效的接触"。

与自由派相比，福音派显然还是站在基督教传统的立场上。在诸如对圣经权威的肯定、个人灵性重生的重视等方面，福音派的立场无疑与基要派的五原则是一致的。按照卡尔·亨利在本书中的表达，它们的区别主要在于是否持一个具有社会向度的基督教世界图景与视域。用麦格拉思的话来表述就是："现代意义上的福音派是一种后基要派现象。它起源于对基要派的缺憾的认识与回应。虽然福音派毫无疑问地继承和发展了宗教改革运动、清教运动和卫斯理派的诸多洞见，但也应看到这一事实，即重新回到这些伟大的福音派传统的动力，来自于对基要派在社会、学术和精神等各个方面已经失败的认识。"[11]50年代在北美兴起的这个新福音派运动，在其基本信念中所展开的这种社会向度在《洛桑信约》中被某种程度地体现出来。可以说，《洛桑信约》是这个时期新福音派运动所结出来的最具代表性的果实。

1974 年 7 月 16 - 25 日在瑞士的洛桑召开的世界福音大会的主题中,教会的社会关怀使命是一个重要主题。作为会议主要发起者的葛培理,在其开幕致词的结束语中,对这次会议主要表达了四点期待:(1)希望大会能够"就传福音形成一个合乎圣经的宣言";(2)推动教会"完成将福音传遍世界的使命";(3)"表达出传福音与社会关怀之间的关系";(4)有助于在"世界各地进行教导的传道人之间建立起团契关系"。[12]可见,关于社会关怀的问题是这次大会的一个重要主题。而在大会结束时的总结发言中,他做出了如下概括:"如果有一件事情在这次大会中被明确高调地传递出来,那就是我们这些传道者们应当有社会关怀。这个在较小的小组里所讨论的作门徒在今天的意义的主题,已经从星星之火形成燎原之势。"[13]

在洛桑会议过去多年后,洛桑会议的另一个主要发起者神学家斯托得(John Stott)在他所写的一本诠释洛桑运动的书中,逐节地解释了那次会议所形成的《洛桑信约》。在讨论第五节的这章开始,斯托得就解释了这节中所表达的"这里我们再一次为疏忽自己的社会责任,也为我们有时认为传福音和社会关怀相互对立而表示忏悔"。[14]在 20 世纪,英国与北美一样,都因为对自由派乐观主义的"社会福音"运动有所反感,从而将传福音与社会关怀活动分离开来,而只是关注于前者。现在,这些福音派人士认识到这是一个神学上的错误,他们愿意为此悔改。实际上,按照斯托得的说法,信约中的表达已经非常温和了。此前有相当一部分参加会议的福音派人士曾希望有一个更强的表达:"我们必须把那种要将传福音与社会关怀行动分离开的企图当作撒但的伎俩给予弃绝。"[15]而与此相对的肯定性表述就是:"我们相信,传扬福音和参与社会-政治都是基督徒责任的一部分。"[16]在做出这种肯定后,斯托得具体从上帝论、人论、救赎论及国度论四个方面论证了第五节中所表述的教会的社会责任。

不过到了 1976 年后,由于在政治与教义这两个方面出现了有分歧性的看法,使这个时期的新福音派运动出现了多种声音,从而使其社会影响力开始减弱。1980 年,卡尔·亨利在回顾往事时说,"20 世纪 60 年代期间,我多多少少曾幻想一个庞大的福音派联盟可能在美国崛起,有效地共同推进全国性的福音宣教、教育、出版和社会政治活动。"[17]但到了 1970 年代中期以后,他越来越感到,他所期待的这个前景的出现已经日益渺茫。

今天,卡尔·亨利在这本书中所提到的关于福音派的问题依然存在,就是对主流的福音派来说,如何在坚持自身基本信仰传统的同时,能够更积极地关怀并参与社会及其文化领域,这依然是一个问题。当他在关注社会议题方面,明确地将基督的救赎当作福音派区别于其他派别的基本特征时,他自然而然当作其前提的是,这个社会中重生的基督徒越多,其中能够明确上帝的呼召、敢于承担并履行自己社会身份与职务之责任的人也就越多;当他们从一个新的角度来关注社会问题时,他们对这个社会的参与及其影响就会越多。通过每个人在自己被赋予之天职岗位上的担当与作为,由这些职位所连接成的社会关系与风气就会有所更新与转变。在这个基本前提下,卡尔·亨利突出福音派对救赎的强调,突出关注社会问题要有终极目标,确实是有意义的。

不过,无论卡尔·亨利多么强调福音派对社会问题的解决方案要以救赎为基础,就其最终要落实到的社会关系与文化层面来说,其中所发生的更新与转变,既不具有救赎性,也不具有永恒的价值。就是说,对基督救赎的强调最终还是落在个人的重生上;而对社会议题的关注,则是落在社会关系及其文化氛围的更新与转变上。而将两者连接起来的,从基督教天职观角度来看,就是将社会关系连接起来的社会身份与职位。在今天这个专业化社会治理的时代,重生的信徒参与每个专业领域中的社会治理,不能不先经过训练进入到这个领域之中,才有可能在这个领域中蒙上帝的呼召。由此就显出灵性重生之身份与专业领域之身份在层面上的区别。由于存在着这种层面上的差别,所以,虽然个人的重生会对其在职位上的承担有影响,并且因此对专业领域有所更新与转变,但在这些社会专业领域的更新仍然与上帝的救赎是两个层面的事情。为了有所区别,通常将社会专业层面上的转变和更新与上帝的普遍恩典关联起来,以区别于能够带来个体生命重生的上帝的特殊恩典。在基督再来之前,在上帝的国还没有充分实现之前,这两个层面之间的区别一直存在着。

孙　毅

（中国人民大学哲学院副教授）

## 注释:

1. Bob E. Patterson, *Carl F. H. Henry*, in *Makers of the Modern Theological Mind*, ed. Bob E. Patterson ( Waco. Tex. : Word, 1983),9. 转引自葛伦斯、奥尔森:《二十世纪神学评介》,刘良淑等译,上海三联书店,2014年,第 404 页。

2. 乔治・马斯登:《变革基要派:富勒神学院与新福音派》(Grand Rapids:Eerdman, 1987)。转引自阿利斯特・麦格拉斯:《福音派与基督教的未来》,董江阳译,中央编译出版社,2004 年,第 19 页。(阿利斯特・麦格拉斯,也翻译作:阿利斯特・麦格拉思。——编注)

3. 参见阿利斯特・麦格拉斯:《福音派与基督教的未来》,第 18 页。

4. 参见乔治・马斯登:《认识美国基要派与福音派》,宋继杰译,中央编译出版社,2004 年,第 56 页。

5. 乔治·马斯登:《认识美国基要派与福音派》,第 60 页。

6. "众人问他说,'这样我们当作什么呢?'约翰回答说,'有两件衣裳的,就分给那没有的;有食物的也当这样行。'又有税吏来要受洗,问他说,'夫子,我们当作什么呢?'约翰说,'除了例定的数目,不要多取。'又有兵丁问他说,'我们当作什么呢?'约翰说,'不要以强暴待人,也不要讹诈人,自己有钱粮就当知足。'"(路 3:10 - 14)

7. 朋霍费尔:《伦理学》,胡其鼎译,商务印书馆,2012 年,第 130 页。

8. 同上,第 175 页。

9. 麦格拉斯:《福音派与基督教的未来》,第 28 - 29 页。

10. Francis A. Schaeffer, *The Great Evangelical Disaster* (Crossway Books, Westchester, Illinois, 1984), p. 97.

11. 麦格拉斯:《福音派与基督教的未来》,第 32 页。

12. Athol Gill, "Christian Social Responsibility," in *The New Face of Evangelicalism*, ed. by C. R. Padilla (Hodder and Stoughton, 1976), p. 90.

13. Ibid.

14. John Stott, ed. , *Making Christ Known: Historic Mission Documents from the Lausanne Movement 1974 - 1989* (William B. Eerdmans Publishing Company, 1996), pp. 24 - 27.

15. Ibid.

16. Ibid.

17. 卡尔·亨利:《转折时期的美国福音派》。转引自乔治·马斯登:《认识美国基要派与福音派》,第 50 页。

# 第 1 章
# 基要派人道主义[1] 的失落

保守派基督教现今的倾向是过分强调宗教现代主义的困局。

现代主义的困局确实十分严重，其关于世界必定进步、人本质上良善这些肤浅的主张，已经宣告破产。不仅严谨的圣经解释，而且1914-1946 年发生的世界大事，都谴责了这种乐观的自由派信仰。

但是，当代基要主义自身并非没有内疚的时候。因为世界危机也令基要主义陷入窘境。福音派的窘迫，不能以突出别人的困局来掩盖。即便这样做，这种小诡计也难逃警醒的现代人的法眼。

当代福音主义的窘境可以从两个角度来看，一是非福音派的角度，二是福音派的角度。不论从哪个角度去看，问题都相当严重。

非福音派人士反对新教基要主义，指责其欠缺社会议程，对世界公认的罪恶缺乏实际的抨击。其他的不满则主要针对基督教的超自然主义。宗教自由主义、道德理想主义、宗教人文主义和悲观主义的代言人都有一套共通的理论架构，其哲学前设与正统的希伯来-基督教信仰很不相同。非基督教群体则不去理会超自然主义式的形而上学。尽管他们把当代正统基督教看作是传统蒙昧主义的残余物，然而，理论上他们也承认福音派有权持守他们所热衷的任何教义体系。但是，令自然主义者和理想主义者百思不得其解的是，当他们为世界新秩序忧心忡忡之时，新教基要主义却毫无社会热情。由是观之，基要主义反成了现代的祭司和利未人，对受苦的人绕道而行。[2]

当聚焦于公认的种种社会罪恶，诸如侵略战争、种族仇恨和不宽容、私酒买卖以及劳工剥削时，问题会更加清晰。

旨在减少以上罪恶的社会改革运动，没有获得大部分福音派基督教的主动合作，更谈不上积极参与。事实上，基要派教会越来越拒绝参与那些抨击社会弊端的运动，他们对世界基督教协进会和美国联邦基督教协进会（the Federal Council of Churches of Christ in America）的有意回避和尖刻批评，就是很好的例子。

现在，如果他们的抵制伴随着超自然主义信仰下对社会弊病的有力抨击，那么，非福音派人士对此会更容易理解。但是，在大体上，基要派对社会弊病的抨击是口头多于行动。他们透过全美福音派联盟（the National Association of Evangelicals）或美国教会联合会（the American Council of Churches）这样的机构，与其他宗派曾经有过一些合作。美南浸信会在抵制联邦基督教协进会的同时，某种程度上有较好的表现。但是，福音派的社会行动一直显得很不稳健，并且常常是应急性的。

这种状况甚至有更糟糕的一面。大多数的基要派牧者，在过去世界分崩离析的年代，越来越少谈及社会罪恶。要找到一位愿意花点时间谈论世界罪恶的保守派牧师非常不容易。

笔者曾对一百多位福音派的牧者提出以下问题："你们当中有多少人在过去六个月的讲道中，用较长的篇幅谈论并谴责侵略战争、种族仇恨和不宽容、私酒买卖、劳工剥削等等罪行——不只是偶尔提到或举例，而是直接抨击这些弊端，并提出你认为可行的方案?"当时没有一个人举手回应。如今，这种状况已经不再是基要派中某个宗派的特色，而成为大多数基要派讲道中的显著特色，即不愿意与社会罪恶作斗争。

必须承认，有一些基要派群体，他们从未失去对世界的强烈关注，尤其是那些非常看重自己从约翰·加尔文承袭了改教传统的群体。对教义的热衷使得他们对伦理很感兴趣，而不是排斥伦理议题。由于基要主义背负着对世界罪恶无动于衷的恶名，所以这些群体在坚守超自然主义之外，试图脱离基要主义阵营。此外，被归咎于基要派的不仅是对社会不负责任，现代社会还有一种成见——不论公道与否——把基要主义看作是一群坚持分离主义、反对合一的人，他们坚持一套未经批判的神学理论，[3] 一种过分情绪化的复兴主义。不仅如此，还出现了以乡村民间音乐取代教会伟大传统圣乐的趋势，一些教会几乎变成了属灵化的点唱机。那些道德上严谨的少数基要派认为，这些趋势丝毫没有表现出福音派的优良传统，正是因这些伟大的传统，他们过去未曾想要脱离基要派阵营。正统改革宗的发言人更是认为，"基要主义"的称号最初是以忠实于正统教义，而不是以道德上的不负责任为其特质的。基要派是一群笃信圣经的基督徒，把超自然看作是圣经的核心部分，他们看待神迹不像自由派所认为的那样——只是视为偶发事件和多余的记载。正是因其对历史性福音派基本教义的认同，而不是因其对全球紧迫问题的日趋沉默，基要派一度获得了现代正统派（modern orthodoxy）的美名。这一点从当代基要主义的发言人——如已故的梅钦——身上可以非常清楚地看到。梅钦极力主张基督教对世界危机可以发出适切的信息，不论是多么棘手的议题。

然而，一直以来基要派普遍漠视其宗教信仰中的社会内涵，这一点如此明显，以至于非福音派人士有时会因他们对待世界局势的这种态度而把他们归类为悲观主义者。

在所有表面看来不和谐的哲学结合中，这是最令人吃惊的：基督教的超自然主义虽然在历史上曾为现代人文主义和理想主义提供了发展背景和某种程度的支持，如今却被指责为已经丧失了对人类福祉的关怀——这个指控确实令人震惊。

但是，从为数不少的宗教现代主义者、道德理想主义者和人文主义者的观点来看，基要主义和悲观主义的共同之处，正是人文主义或人道主义在其视野中的消失。

这不是说基要主义对罪没有强烈的反对。在评估两次世界大战所揭示的人性黑暗的所有现代观点中，基要主义对人的境况给出了最现实的看法。人的罪性、罪的深重可怕，以及唯有上帝能够救人脱离他的悲惨处境，这些主张都是福音派教会的老生常谈。但是，基要主义所抨击的罪，几乎无一例外，都是个人层面的罪，而不是社会层面的罪。

如果说保守派教会的道德平台汇聚的都是一些诸如"禁止含酒精饮料、电影、跳舞、打牌和吸烟"的陈词滥调，那也是不公平的，但对于大多数的基要派会众来说，这些确实是他们主要的道德议题。在一所规模很大的基督教学院，一位校牧最近在讲道中表达了他的震惊，在世界各地战乱四起之时，校报花费很大篇幅进行讨论的首要问题，竟然是关于玩国际象棋的对错。

此外我们也不应该忽略，在抨击个人的罪的时候，基要派教会其实也间接地击中了一些当代的主要问题。基要派强烈反对饮酒，在某种范围内，这打击了私酒买卖，虽然它未曾制止贩酒行为本身，而只是教导信徒与之保持距离。另外，基要派反对看电影的观念是如此根深蒂固，以致忘记了摄影机也可以用来荣耀上帝。尽管如此，它还是表达了一种对好莱坞制片人所推崇和引以为荣的世俗、异教价值标准的强烈反对。在这一点上，基要派经常敏感地意识到，相比宗教现代主义，传媒对基督教信仰具有更大的腐蚀破坏作用，而自由派只是以"最好、好、不推荐"给电影作出分类。然而，基要派似乎喜欢采用一成不变的方法，教导其会众反对所有电影，好像电影天生就是邪恶的，所以他们也就不会努力去改变电影内容本身。

此外，由于基要派内部在全国不同地区应用不同的道德标准，这使个人道德问题变得非常复杂。例如，吸烟在出产烟草的南方各州几乎不被认为是罪，在北方则被认为是罪。[4] 北方浸信会的牧师可以和他的妻子去男女混合的游泳池，但这在很多南方的教会则会受到执事会的指责。

举出这些例子的目的，不是要呼吁放松个人道德，而是强调这些个人议题总是受所处地域的影响，这多少增加了基要派牧师教导道德议题的难处。

更加严重的是，福音派圈子中出现了越来越多针对基要派道德戒律的批评。这不仅反映了传统信仰生活日益遭到背离，而且，正如那些非福音派人士所指出的，这种在个人和社会行为方式层面上对福音派价值观的背离，是某种意识形态不可避免的结果。这种意识形态拒绝与全球性重大难题发生关联。当然，非基督教的理想主义者和自然主义者知道，他们的人生观与基要派很不相同，但他们认为，基要派日益增多的对清规戒律的反抗，其原因不仅可以追溯到福音派一些古怪的道德要求，也可以追溯到反基督教的道德理论在社会的全面渗透。但其中有个问题一直存在,那就是一个人可否长期漠视社会公义和国际秩序中的种种问题,却仍可以发展出健全的个人伦理。

谈论基要派教会典型的道德主张,不可不提及其对离婚的严苛态度,它与对家庭关系日趋松弛的世俗观点恰成对比。在今天,也只有在基要派圈子里才严格坚持只有死亡和犯奸淫才可以结束婚姻的盟约——虽然在此处也像在别处一样有一些例外。这个观点对于家庭完整性的贡献,以及对预防青少年犯罪的意义,从其社会后果来看绝非不重要。因而,从某个角度可以说,社会改革家对修复美国家庭破裂所作的努力,尚不如基要派关于一夫一妻家庭生活的神圣性宣告更能直捣问题的核心。

但在这里必须再次承认,美国文化对富有生命力的基督教的背叛,意味着家庭问题和青少年的犯罪问题在无数家庭里还没有被认真面对,而相应的救治措施也可以为福音布道带来更有利的土壤。因着以上理由,即便不相信超自然思想观念的人,也会寻求福音派对他们的改革活动的支持。

福音派运动在反击社会罪恶的任何战役中都无法做出令人称许的回应,最终使得非福音派人士怀疑基要主义在本质上存在某种缺陷,使其无法产生一个世界性的伦理观。最流行的看法认为,基要主义对人性过度悲观,以致无法采取切实有效的社会行动。

这种看法坚称,福音派超自然主义有其与生俱来的意识形态上的缺失,它妨碍形成有力的社会推动力。这种现代思维是当代思想中最令人不安的分界线之一。在寻求能够带来全球秩序和人类手足之情的全球思维中,当代思想界不再聆听那些被怀疑为没有世界性议程的观点。它拒斥基要主义,认为在这种基督教大传统(the Great

Tradition)的表现形式中，人道主义已经从基督教中失落。


## 注释：

1. "人道主义"（humanitarianism）在这里指关怀人类的福祉。
2. 这里借用了新约《路加福音》10：25-37 关于好撒玛利亚人的故事。当一个受伤的人躺在路上，祭司和利未人路过时都没有施以援手，只有撒玛利亚人愿意救助他。——译注
3. 许多新闻报纸错误地将基督教基要派信徒归入膜拜团体成员（如同摩门教的一夫多妻制拥护者），而膜拜团体是福音派信徒首先要与之划清界限的。
4. 尽管美南浸信会联会于 1937 年作出声明："吸烟在基督徒，特别是在传教士、教会领袖和宗派内部机构的同工当中流行，这不仅对吸烟者的健康有害，也对基督的事工有害。因为它削弱了福音的信息，降低了那些受托传讲福音的人士的影响力。"

# 第2章
# 力挽颓势

针对基要主义，有一种抱怨认为，圣经对人的评价导致在社会参与上的无力。从基要派的观点来看，这是所有对它的指控中最为不实的。

新约教义没有排斥一个与世界状况紧密相关的福音信息。

的确，新教保守派坚称，只有对人的罪性和重生的必要性作出客观评估，才有可能把关于世界事务的乐观主义建立在可靠的根基上，任何其他框架只能提供"泡沫式的治疗"。

可是，福音派还是深受困扰。基要派圈子越来越意识到，尽管福音派在上帝的启示与救赎方面坚持正统的认信，但是却越来越无法阐明福音的社会意义。要求重新评估教会与世界关系的呼声日益高涨，尽管教义的边界不可挪移，答案也只能出自其中。当现代人在全球困境中挣扎时，福音派的良心也深感不安，因为历史性的基督教真理被武断地抛弃，以之诊治西方文化顽疾已被看作死路一条。基要主义也想不通，为何带来世界改变的真理被窄化为仅仅是对孤立个人的改变。

福音派的困局并不是一件简单的事。

一方面，福音派认为，非福音派大力推动世界性的社会进步是为了博取大众对其意识形态的支持，他们所宣扬的理论是一套与福音派完全相悖的理论。提升社会道德、倡导四海皆兄弟的运动、国际间的联合、战争防预机构的设立，只要他们在争取这些目标时并没有坚持所有人身为罪人必须重生，它们都被视为与历史的基督教传统相敌对。

基要派对这种敌意不愿意等闲视之，在他们看来，整个圣经信仰已经岌岌可危。从保守派的观点来看，不论非福音派运动的目标多么诱人，它们都是在鼓励其追随者以错误的方式达到这些目标。基要派并不认为条条大路通罗马，其自身的道路只是更佳而已；如果他们这么想，他们之间的敌意也就不会这么严重了。[1] 福音派认为非福音派人士是在错谬的意识形态框架下企图达到目标，他们推崇一种对人天真和错位的信心，而这种信心来自于对现实的肤浅看法。福音派认为，自由派人士、人文主义者、道德理想主义者都对世界的深层需要认识浅薄，对人彻底纠正罪恶的能力过分乐观。

相信人在罪中沉沦，而上帝有能力恢复作出回应的罪人，只有这样的人论和救赎论才足以打开基要派改革世界的方式。任何其他的方法都是白费功夫，并且事实上是在诋毁具有历史意义的救赎性福音所独有的适切性。从这个观点来看，那些脱离了圣经启示真理的现代改革者，他们改变世界的热忱实际上是无视耶稣的主张：只有人先"寻求上帝的国和他的义"，而后"这一切都要加给你们"。非福音派人士喜欢将"上帝的国"等同于"这一切"，反映出对基督代赎意义的无知，非福音派人士使用的是一个非福音性的方法论。

可是，对非福音派解决方案的抵制，至少在逻辑上不应使福音丧失社会适切性。改变世界的热忱肯定是早期教会的特点，不论它在基督的代死和复活的救赎论中占据怎样的位置。若非如此，基督教就不是那三个世纪被人所知晓的宗教。如此这般对世界的热忱使基督教真理被统治者看中而愿意带领臣民一同归附它。缺乏翻转世界热忱的基督教不是使徒传承的基督教。

因此，现代基要主义不明白为何这伟大的传统似乎失去了它的世界适切性。这个问题在我们的时代更加突显，因为很多问题不能仅在一个群体或国家内解决，而是必须依靠更广泛的国际决策。福音派虽然小心地回避了与非福音派群体的合作，却没能发掘出福音信息丰富的社会内涵。

对于前千禧年主义者和无千禧年主义者，这个问题变得更加复杂。他们认为，不仅非福音派人士依靠他们的方法论无法实现完美的社会秩序，福音派人士靠传福音也做不到。后一种信念是基于相信国度的开创有待基督的再来。无千禧年主义者不相信在地上有一千年统治，但他也不对现行社会秩序抱有希望，除非基督再来。在这方面，占现代基要主义阵营中最大多数的前千禧年主义者和无千禧年主义者，联合起来反对后千禧年主义者，后者想依靠人的救赎性努力成就上帝的国，并期待在出现世界性皈依的黄金时代之后，基督会再临。

值得指出的是，针对现今世界秩序的绝望情绪在增长，就当代基要主义来说，不是因为对超自然福音的大能缺乏信心，相反，这种绝望来自于前千禧年主义者和无千禧年主义者对圣经的诠释。在他们看来，圣经对整个世界的皈依不抱希望，而是专注于基督的再来，以之为上帝国度的关键。他们对现今时代的绝望，是基于世界将对救赎性福音缺乏回应的预见，而不是福音本身有何缺陷。

这个满有盼望同时又伴随着先知性绝望的福音，已经在过去的两个世代提出了一个基要主义无法完满解决的问题。在现代宗教自由主义崛起之前，福音派尚可以宣讲救赎性重生是解决世界问题的唯一办法，并且似乎也没有失去它的社会热情，原因是大多数有创造力的理想主义都来自教会。但是，自由派极力削弱超自然主义框架之必要性，宗教人文主义则推崇完全的自然主义，这些流派联手发起了一场针对现代社会罪恶的猛烈攻击。

基要主义从这种与圣经救赎相脱离的道德主义中撤出，本可以无需割裂福音教义与道德要求而继续保持其本色。在历史上，基督教既是一种人生观，也是一种世界观；既有社会意义，也有哲学意义。

但是，不知不觉，基要主义越来越专注于对非福音派人文主义的抵制，视之为蒙蔽大众，争夺他们的信念的竞争者，并且由于基要主义对现世持悲观的态度，它也越来越把福音信息窄化为只向那些从邪恶世界中被呼召出来的"信仰余民"传讲。已经尘埃落定，与其说是因为上帝使现今世界不可避免地如此，不如说是因为预见到人心的刚硬，所以那些非超自然的理想主义在未来统统都会失败。尽管救赎性的福音曾经是一个改变世界的信息，现在它却被窄化为一个抗拒世界的信息。在 20 世纪的基要派中，不可能出现奥古斯丁《上帝之城》的当代版本。

在反对非福音派意识形态的过程中，基要主义开始抨击现代改革者的社会议程。它部分是出于刚才已经指出的成见，即美好的目标是以不可取和无效的方式来寻求。此外，基要派也逐渐看到，宗教自由主义与人文主义对世界和平、人类手足之情、民主及新型经济的理解，与基要主义的理解完全不同。基要主义坚称，它的目标和方法与非福音派运动迥然相异;非福音派所争取的是**不当之物**。

例如,非福音派正在努力达成一个公义与持久的和平。在理论上,这是用任何方法都可以达到的,但在实践中,它却特别剔除了以基督教的重生作为必要的条件背景,可见其目标是建立一个与基督的代赎和拯救毫无关系的世界和平。对那些清醒了解人性的人而言,这只能是一个奢望。

非福音派也把人类的手足之情从新约的救赎部分中剥离出来。对于早期的美国人,民主是按照圣经所定的方式敬拜上帝的权利,不被属世政权所阻挠。在两次世界大战之间,民主却被窄化为四种自由,其中包括个人有权按他想要的方式敬拜上帝。福音派认为,这样的手足之情,恰恰使手足之情变得不可能,因为它模糊了人与上帝的关系。

劳工管理问题现在也不再诉诸以重生为条件的对上帝旨意的顺服,而是诉诸政治上社会主义或共产主义的左派规则。福音主义的教义特点意味着,它必须抵制这种非福音性的目标和非救赎性的手段,因为这里存在着两种关于人类本性与命运的定义,一种是寻求完美的物质秩序,另一种是寻求完美的灵性秩序。[2]

对非福音性目标的反击有两种方式,一是口头谴责,二是沉默抵制。在关于社会行动的宗派会议里,特别是在美国联邦基督教协进会,亲共倾向成为众矢之的。另一方面,基要派确信,消灭私酒买卖并不能终结世界的邪恶,并逐渐把禁酒运动看作是与次等的邪恶作斗争,因此禁酒人士发现在基要派教会推动他们的工作有时比在自由派教会更难。在这样的道德主义运动中,福音派看到非福音派巧妙地宣扬一种更高尚和更受人尊敬的生活方式,然而它距教会受托向万国传讲新约的救赎性重生仍然很远。异教理想主义的道德取代了圣经的"好消息"。

当非福音派群体利用媒体宣传他们的意识形态时,福音派人士则抨击他们的人文主义狂热。现代改革者在抨击侵略性战争、政治上的中央集权、种族不宽容、私酒买卖、劳工管理中的剥削以及其他焦点问题时,从来没有得到来自基要派圈子的鼓励。反对社会福音的基要主义似乎也在反对基督教的社会责任。

基要主义没能在它自己的框架内提供积极的信息,反而倾向于在对世界历史的绝望中寻求庇护,因而切断了福音主义与现代全球危机的关联。真正有创造力的思想,即便在非救赎性的语境中,现在也是由非福音派代言人提出。

福音派人士只能被局限在两者之间做出不自在的选择——或者抨击为公认的罪恶寻找解决办法的当代社会改革家,或者与那些他们在意识形态上无法认同的人同行。不少福音派人士最后被社会福音运动所吸引,这一运动逐渐模糊了福音性的教义背景,随之而来的是自身认同非福音派所定义的目标。但大多数人竭力脱离当代的社会改革运动,谴责它们对世界的改革并非建立在圣经原则上,是徒劳的、具有欺骗性的,而自身却更加努力地倡导在这个与神为敌的世界中拯救那少数的灵魂。

偶尔,会出现一种更有远见的基要派声音,抨击世界局势,声称要以使徒改变世界的热忱,通过改变个体的人达到改变社会的目的。即便是非常热衷于思考预言的基要派,也对这样的事实感到不安:不论早期教会如何将上帝国度的最终实现与基督再来相关联,使徒们还是顺服大使命,以不屈的热情把福音带给各处的人。基要派中开始出现一些零零星星的努力,试图将福音信息有效地与当代世界局势连接起来——现代基要主义不安的良心在跳动。但是,要清楚说出福音主义及其社会内涵不是一件容易的事。它有一定的风险，可能会对某些现代罪恶作出未加研究的、过于肤浅的分析。例如，基要派在最近关于美国联邦基督教协进会的社会纲领的讨论中，愤怒谴责其中的共产主义左翼人士，同时却对资本主义的罪恶表现出异样的沉默——其实救赎性意义在资本主义制度中基本上变得含混不清。

今天，在基要主义中正涌现一股新的浪潮——这股浪潮来自于不安的良心，决定不再让福音对现代世界的挑战视而不见。福音派最优秀的心灵正在集聚力量，认定当今最迫切的需要，是把现代的问题与圣经的救赎进行整合。

我们已经指出，在过去的两代人中，创造性的伦理思考是由那些意识形态上脱离了新约超自然主义的人所完成的，他们经常用现代哲学中的文艺复兴人文主义来入侵教会。但这并不一定意味着真理在他们那边。今天，最显而易见的是，当基要派警告非福音派人士，他们对人的本性和命运缺乏透彻的研究而无法避免理想的幻灭时，人们却近乎反常地将他轻易摒弃。毕竟，两次世界大战向人们提出了重估基要派立场的要求。

现代自由派的良心困扰来自于他们肤浅的乐观主义，这是现今时代一个值得深思的问题。现代基要派不安的良心也是如此，因为今天再没有人像保罗当年一样发声，不论是在联合国，还是在劳工管理的争议方面，或是在日本、德国或美国的一些重要的大学课堂里。

**注释：**

1. 事实上，非福音派也不认为基要主义是众多可能方法中的一个。非福音派人士对何为最佳方法分歧很大，但他们都认定它肯定不是基要主义。

2. 约翰·贝内特（John C. Bennett）在探讨自由派社会福音与基督教社会职责的关系时，承认社会福音"是在脆弱和现已过时的神学前设下出现的"（*Christian Ethics and Social Policy* [New York：Charles Scribner's Sons，1946]，p. 2）。但他反对抛弃这个名词，因为这"可能会导致社会福音运动对每个人所意味的社会责任之重要意义完全丧失"。今天，悔悟后的自由派对社会福音所做的批评几乎一成不变地仍是在一个更大的自由主义框架之内，没有给使徒们的教义——如代赎论和超自然的重生——留出任何空间；他们的社会敏感性还是远远超过神学敏感性。

# 第 **3** 章
# 福音派最尴尬的分离

　　福音派基督教在历史上第一次与伟大的社会改革运动长久地分离开来。

　　必须承认，基督教并非总是燃烧着最火热的社会激情。尽管东西方世界之间的差异，很大程度上可以用基督教来解释，因为新约之世界-人生观把古代世界从异教的野蛮中解救出来，但在欧洲历史上的较早时期，教会确实缺乏足够的社会关怀。中世纪的罗马天主教倾向以灵性革命来取代政治革命，并坚定地支持封建制度。甚至在今天，罗马天主教的人道主义也只是权宜之计，这一点可以从西班牙、拉丁美洲和美国三地天主教不同做法的对比中看到。即使在马丁·路德掀起的宗教改革中，他也抛弃了那些在农民战争中谋求改善社会和政治处境的民众，而这些诉求不论在当时显得多么进步，在我们今天看来其实都微不足道。

　　但是，随着基督教逐渐失去对世界的热情，它不再是宗教改革试图为西方思想恢复的那类使徒性或宣教性的基督教。基督教若能彰显出其真正特质,就总是能在任何时代都以理想主义基调面对环境,并且能在旧有的文化中开始一轮接一轮的改革运动。

今天的基要主义在某种意义上拒绝把基督教伦理等同于现代改革家主张的人文主义伦理。然而,恰恰是这个时代的人文主义在抨击社会罪恶时表现得最旗帜鲜明和不遗余力。它使得缺乏世界纲领的新教福音派在挑战现行文化的使命中,只能降至次要、甚至更加附属的角色。[1]

具有讽刺意味的是,福音派人士从他们的对手那里得到不少益处。例如,一位基要派的随军牧师最近表示,由于美国联邦基督教协进会对政府施加的影响,向军人自由宣讲福音的机会因而得到保护。他并非指协进会有别于宗教现代主义,愿意对历史性的福音真理保驾护航,而是指整个随军牧师计划从一开始就在协进会的监督下进行。而福音派人士对此或多或少是乐见的。

很明显,新教阵营中出现了令人尴尬的分离。尽管在西方历史上,没有哪一种精神力量如同基督教那样向人类发出挑战——以崇高生活挑战人的行为,以超自然的世界观挑战人的哲学,以崇高的盼望挑战社会的重建。然而,在重大社会议题方面,现代基要主义对现今世界的挑战却几乎荡然无存。当然,贯穿基督教历史的福音挑战总是以救赎为框架的,但是,现今时代已经感觉不到这样的挑战[2],因为基要主义没能将其救赎信息与 20 世纪全球性的重大道德问题关联起来。

在历史上,希伯来-基督教思想一直坚持个体生命与世界紧密相连。圣经的本意是形而上学与伦理学密不可分,向全人类宣告合神心意的社会秩序是圣经教导的重要部分。希伯来或基督教的理想社会总是向其时代的主流文化发出震撼人心的挑战,以救赎的大能谴责被纵容的社会罪恶,因为救赎信息注定要作光照亮世界,作盐使全地受益。基要派仅仅坚持正统的教义理论是不够的，还要有力地抨击社会罪恶，这样才能让全地知道有一天要站在基督的审判宝座前。至少这才是使徒们所宣扬的基督教，也是后使徒时期护教学的精神。君王必定要向耶稣屈膝，如果不是今生，就是来生。如果上帝的国没有在地上实现，这不是上帝的错，也不是救赎性形而上学的错，而是罪人的错。

这种对神学-伦理的强调贯穿了希伯来-基督教思想。圣经超自然主义的终极价值是不可改变的。比起新约教义，新约伦理并不是新生事物。旧约早就有这些道德和形而上学观念的萌芽，因为整本圣经都植根于创造、启示和使人重生的上帝。后来的基督教不论在何种意义上废除了律法，但没有废掉任何终极性的真理。在新约和旧约思想里，人类只有一个持久的文明根基——认识那位救赎的上帝。在新旧约两个时期，拜假神、杀人、犯奸淫都是错误的，但其中除了摩西所说的原因之外，还有更终极的原因。这些行为不仅对于摩西而言是错误的，对于亚当也是如此；它们过去是错误的，将来也是错误的，因为它们与宇宙的至高主宰的意志和属性是敌对的。任何人在任何时候、任何地点这样做都是完全错误的。整个世界被放在同样的道德准则上，妄图在另外的准则上建立起文明社会，不论在基督来到世上之前或之后，都注定要受到谴责。十诫揭示了稳固的社会应有的唯一可靠基础，而所有脱离这些原则的人类文化，都会产生有害的、腐坏的酵。并且，若果离弃那位圣洁的救赎上帝——正是他将这些原则启示给人，就没有任何一种文化能达到这样高的要求。

如同新约一样，旧约的重要教导也包含道德内容。救赎形而上学的社会向度从人类的先祖已经开始。亚当的堕落包含了所有人，立约把亚伯拉罕和他的子孙挑选出来并祝福这个世界。摩西不断发出警告,以色列子民对独一真实上帝的忠诚与否决定其在历史中是受祸还是得福。如果有人站在摩西五经的结尾,像先知一样眺望整个以色列的历史长廊,就会发现很多事件都带有这个永恒的印记。摩西之歌,在赞美上帝怜悯的同时,又警告上帝会审判,其高潮是劝谕以色列人要遵守"这律法上的话。因为这不是虚空与你们无关的事,乃是你们的生命"(申 32:46-47)。大先知书和小先知书都毫不妥协地猛烈抨击当时的社会罪恶,在救赎的背景下表达出同样的社会热情。希伯来的世界-人生观不可能漠视法庭上的屈枉正义、放高利贷、掠夺穷人、忽视供给穷人衣食、在买卖中牟取暴利等行为。

　　新约之所以对希罗文化提出挑战,其实是希伯来-基督教精神的必然产物。施洗约翰对社会发出警告,这与摩西、以赛亚和阿摩司所做的是一样的。施洗约翰引用以赛亚的话宣告救赎主的到来:"在旷野有人声喊着说:'预备主的道,……凡有血气的,都要见上帝的救恩。'"(路 3:4-6)毫无疑问,救赎信息是施洗约翰宣讲的最重要的内容。他对门徒宣称耶稣是"上帝的羔羊,除去世人罪孽的"(约 1:29);他不仅对门徒说,也对那些迫害耶稣的人说,因为他们也"曾差人到约翰那里,他为真理作过见证"(约 5:33)。但是,施洗约翰在宣讲救赎性信息的同时,并没有对社会无动于衷。他劝说"毒蛇的种类"(太 3:7),告诉他们"天国近了,你们应当悔改"(太 3:2);他呼吁他们"要结出果子来,与悔改的心相称"(路 3:8),宣告"凡不结好果子的树就砍下来,丢在火里"(路 3:9)。对于具体的询问——"我们当作什么呢?"(路 3:10)——他也以具体的例子作回应:有两件衣服的,要分给那一无所有的;富足的要分享给缺乏的;收税的不要勒索;士兵不要以强暴待人或讹诈人。当时的士兵可能对自己所得的军饷不满意——但这并不能应用在劳工关系中,并据此得出双方应维持现状这一结论，如同一些人文主义者所错误诠释的那样。施洗约翰是在警告不要盘剥无辜平民。约翰的忠告里还包括"许多别的话"（路3：18），比如，他谴责希律王的淫乱生活，因而被捕殉道，因为约翰曾屡次责备希律王说："你娶你兄弟的妻子是不合理的。"（可6：18）

约翰宣讲中的社会向度，与耶稣的信息是一致的。当坐监的约翰派人询问有关弥赛亚的问题时，耶稣也引用了这段施洗约翰早已耳熟能详的经文："你们去，把所听见、所看见的事告诉约翰。就是瞎子看见，瘸子行走，长大麻风的洁净，聋子听见，死人复活，穷人有福音传给他们。"（太11：4-5；路7：22）这段关于弥赛亚的经文如此重要，因而一个完全排斥非灵性需要的福音是很难成立的。确实，新约经常使用诸如"瞎子看见""聋子听见""死人复活"等短语来比喻灵里的重生，但是，不能说瘸子行走、长大麻风的得洁净也是比喻。而且，路加在记载耶稣回答约翰之前，还加了一段叙述："正当那时候，耶稣治好了许多有疾病的，受灾患的，被恶鬼附着的，又开恩叫好些瞎子能看见。"（路7：21）可见，一个对全人和普世之人的需要无动于衷的福音，在这里找不到容身之处。

当然，耶稣没有宣扬所有的努力都必须朝向世界和平，因为他相信圣经所说，和平与战争都不是人类幸福的决定因素，只有救赎才是。他当然也没有宣扬对世界财富必须实行共产主义式的分配，因为他相信圣经所说，救赎才是解决经济问题的最根本要素。他也没有提出一个外交规则，以此指导西方民主国家如何与苏维埃共产主义国家打交道，因为他相信圣经所说——政治学所需要的，远远不止于世俗国家间该如何交往。

但是，耶稣并不因此对国家或普世之人缺乏兴趣。现代社会的一个偏见就是，一个人只有以当代人的方式抨击社会问题，才表明他关心这个问题。耶稣的方法论是救赎的方法论，而现代人的方法与之完全不同，因为他们的前设是救赎对于当代世界而言是一种另类观念。但是，从耶稣的观点来看，救赎是一切问题的出路，甚至包括全球性的问题。不论是在政治、经济、学术还是娱乐方面，它都给这个疲乏的世界带来唯一充足的安息。它是评估一切非基督教解决方案的基础。

保罗的观点同样包含了一个道德的普世主义，因为他不仅仅关注个人道德。基督的福音超越种族的差异，基督是人类唯一的主，唯有他可以满足人的需要。所以，这位外邦人的使徒不仅宣讲个人性的基督教，也宣讲社会性的基督教。他的这种宣教热忱驳斥了一种观点，这种观点认为保罗教导信徒应该过修道隐居的生活，与之相反，他灵里燃烧的火要把整个世界带到耶稣的脚前。

早期基督教把救赎信息与当时的希罗世界关联起来，正是使徒见证最具特色之处，在最初的三个世纪中，这个新宗教几乎征服了当时已知的世界。不论他们如何看待天国的降临，早期的基督徒并没有因此降低改变世界的热情，就算反对者怀疑他们要"翻转"世界，他们也不会感到不安。这不是说早期的基督教已经制定好了社会改革路线，而是它为社会改革提供了基本原则和道德动力，并强调重生是良好社会的保障。[3]

当然，这并非否认后来罗马天主教很快就以政治扩张取代了灵里的重生。虽然基督徒见证的影响还没有完全丧失，但中世纪所谓的基督教文化带有很多希罗文化的色彩。在教会历史上，也断断续续地出现对基督教出世倾向的强调，如修道主义运动。托马斯·厄·肯培的《效法基督》可能是后来关于这种风气的表述，虽然它更多阐述的是个人道德,而非修道主义的主旨。

早期爱国的道德学家不遗余力地抨击异教道德标准——拜偶像、奢侈、性放荡、下流的表演、残忍的格斗、杀婴、堕胎和商业诈骗;他们以基督教真理来反对社会败坏。奥古斯丁的《上帝之城》坚称世俗之城和永恒之城都存在于历史之中,反对仅仅把上帝之国看作是一个超历史的国度。阿奎那在13世纪完成的神学体系,至今还是罗马天主教神学的参考框架,而对基督教伦理的社会层面和个人层面的具体研究,是他神学体系建构的重要部分。

早期文艺复兴对社会理论的兴趣要归因于罗马天主教会的腐败,正是这一腐败最终导致了宗教改革的发生。宗教改革之父马丁·路德倾尽全力反对中世纪靠行为称义的观念,但是,他却没能令人满意地发掘出福音信息中的道德含义。路德在世的时候为道德水平的下滑感到痛惜,但他在教导和榜样上都不够重视成圣,而且在农民战争中,他的表现在整个宗教改革历史上令人不太愉快。无论如何,茨温利在瑞士的宗教改革更能表达出何为重生的社会及其道德含义,而加尔文主义的宗教改革则更加朝向真正全方位的基督徒生活。加尔文认为,希伯来-基督教传统在历史上不仅拥有清晰的教义,而且救赎所具有的社会内涵也非常明确。

今天,新教基要主义显然是圣经超自然主义和宗教改革思想的承传者,但它的主流精神对其思想前辈的社会热情却感到陌生。现代基要主义不向非基督教世界阐述福音的社会内涵,也不挑战极权主义的不公义、现代教育的世俗化、种族歧视的罪恶、当代劳工关系中的弊端、国际贸易中不合理的基础。它也不再挑战凯撒和罗马,似乎对文艺复兴精神的胜利输诚投降。从使徒传承下来的福音失去了纠正世界的热忱,因而今天基督教的社会责任便落入那些从次基督教(sub-Christian)的视角来看待这一职责的人手中。

当福音派意识到自身历史上的这一矛盾时,感到颇为困扰。今天的基要主义面对两个信念时感到不安,而如果基要主义要表达基督教传统的精髓,那么这两个信念都是必须的:(1)基督教反对一切个人和社会的罪恶,并且永不会默许这样的罪恶;(2)基督教反对这些罪恶,并且以耶稣基督的救赎之工和圣灵的重生工作为唯一充足的解决方案。它反驳基要主义思想在逻辑上必然带来漠视社会罪恶的指控,并且强调非福音派思想根本没有能力纠正世界秩序。它再次发现:对全球罪恶的抨击不仅与正确的世界观和人生观不冲突,而且是正确的世界观和人生观所要求的。

**注释:**

1. 贝内特(John C. Bennett)关于"基督教四种社会策略"(即大公策略、退守策略、将基督教与某种社会纲领等同的策略、个人与公共生活的双重标准策略)的讨论值得一读(*Christian Ethics and Social Policy*, pp. 32 ff.)。他提出了第五种策略,把基督教伦理与社会政策关联起来,但这个策略在某种程度上是有缺陷的。它虽然与社会福音过于乐观的设想一刀两断,但这一策略还是没能恰当地把基督教伦理与使徒们所重视的个人重生关联起来。必须与带来救赎的基督联合,个人才能获得重生。
2. 很多罗马天主教思想家认为,脱离"普世(罗马)大公教会"是造成所有新教难题的原因。不过,宗教改革打开了真正的灵里合一的大门。虽然宗教现代主义阻挠这个理想真正实现,但对福音派而言,这一理想仍是可能的。
3. 今天,这一观点重新得到肯定:重视个人重生的改革方案,可能会因此而具有社会适切性,而不是与社会无关。更彻底的自由派从 1914－1946 年的战争中学到很多教训。欧内斯特·斯科特(Ernest F. Scott)提醒我们:"耶稣通过更新人的意念来医治社会压迫。如果人的意念不同,他们的行动也会不同,若意念相同,就会产生一个新的社会,在那里人与人之间有正确的关系。"(*Man and Society in the New Testament* [New York: Charles Scribner's Sons, 1946], p. 197)

# 第 **4** 章
# 对宣讲国度的忧虑

比起当代福音主义，现代反超自然主义理论更热衷于谈论千禧年。教会历史中一个奇特的现象是，自然主义世界观起初对基督教的天国观念充满反感，最后却狂热地拥抱临在于历史中的千禧年（immanent millennium）的观念。[1]

对千禧年的狂热，以及闵采尔（Müntzer）和茨威考（Zwickau）的先知们，还有马提斯（Mattys）与蒙斯特（Münster）王国所信奉的"肉身千禧年主义"（carnal chiliasm）[2]，都不是现代基要主义的特征。在非时代论（non-dispensational）的基要主义阵营中，无千禧年主义和前千禧年主义都认为，不论是地上的或天上的国度，都不会是靠基甸的刀[3] 建立起来，而是因基督的再临而实现，虽然现今基督对于教会已经是真正的属灵统治者。而对于时代论的基要主义来说，千禧年国度迟延论的主调是"千禧年国度不是现在的国度，而是未来的国度"，因此，现代基要主义不赞同一个靠强力带来的地上国度。但现代自由派与此相反，他们相信即将到来的地上国度，并且进一步制定了斗争策略，要废除社会不平等。于是乎，近年来的国度狂热主义找到了一个奇怪的盟友。

尽管如此，基要主义还是坚称这个未来的国度必定到来。因为在一个道德性的世界中，义人必然得胜。后千禧年乐观主义者相信，在基督再临之前，信徒经过努力可以建立千禧年国度，但这种想法因第一次世界大战而深受打击。在这之前，一些谨慎的福音派人士如詹姆士·奥尔（James Orr）就曾试图修正后千禧年乐观主义，认为千禧年国度的建立仍要靠基督再临。[4] 在第二次世界大战之后，福音派的后千禧年主义几乎完全把关于千禧年国度的宣讲拱手让给了前千禧年主义和无千禧年主义。后两者团结在共同的信念之下，相信基督的再临是未来黄金时代出现的先决条件，但在是否有地上千禧年国度的议题上，二者仍存在分歧。当代福音派确信正义终必得胜，但也深知世俗世界对福音的敌意，并且拒绝自然主义者的乐观主义，后者只关心进化演变。基督很快再临的美好盼望没有被轻忽，对千禧年国度的期盼也完全不同于自由派对建立人类社会新秩序的自信。

但最近几年，基要主义在宣讲千禧年国度时越来越显得犹豫。

把上帝的国度等同于现今世俗社会秩序的理论，不论它朝着民主社会或共产主义方向做了多少修正，一直以来都受到福音派人士的抵制。正如反对世俗人文主义那样，基要主义一直在证明任何缺乏救赎元素的文化，本质上都不同于上帝的国度。上帝国度的独特之处正在于超自然的救赎。由于诸多原因，拥护民主的文化比赞成极权主义的文化可能得到更多的偏爱，但它们不会因此就等同于上帝的国度。正因为如此，基要派极力抵制自由派最有特色的**此时国度**（kingdom now）论。

另一方面，基要主义也流露出对**彼时国度**（kingdom then）论的忧虑。部分原因在于二战的发生打击了那些夸大预言。虽然基要派在这方面没有像对未来持乐观主义的自由派那样受到那么惨重的打击，然而，这个预言运动还是带来了无数令人尴尬的地方。严重受挫的不仅仅是一些预言，诸如罗马帝国的复兴——尽管预言的失败已经令人甚感沉重。除此之外，还出现了一种鉴别谁是敌基督的潮流。福音派人士因此不仅在千禧年问题上出现分裂，而且也在灾前被提、灾中被提和灾后被提的问题上意见不合。他们纠结于彼此的差异，而没有团结起来以超自然主义反对经验-自然主义的世界观。更严重的是，一些基要派牧者虽然对圣经的先知预言耳熟能详，却不再积极宣讲基督才是崩溃后的世界文化的唯一医治者。结果，他们培养了很多聪明的旁观者，而不是大有能力的福音使者。他们的特长是召开先知会议，而非向世界发出五旬节式的挑战。

在这样的背景下，彼时国度论应运而生。一些负责任的基要派人士已经承认在他们战前的预言中有不合理的推论，但拒绝说他们在所有问题上都错了。人文主义者和现代主义者虽然对这一预言得到应验不为所动，如巴勒斯坦会被非基督教的犹太移民涌入，但他们不得不接受基要主义者的主张，那就是世界将变得更糟而不是更好。尽管如此，基要派人士仍须对夸大的预言作出真诚的忏悔。

此外，在有关末世论的思考中有一个值得留意的转变。一方面，回归到更为保守的前千禧年主义，如阿尔福特（Alford）和特伦奇（Trench）。他们同时还去掉了在繁琐细节上的独断。长此以往，基要派下一个世代的末世论宣讲将主要集中在国度、再临、死人身体复活和将来的审判，而不再关心次要的事件。另一方面，一些反对时代论前千禧年预言细节的福音派人士，则也抛弃前千禧年主义及其细节而转向了无千禧年主义。本书的研究不是要提出赞成或反对这种趋势的理由,笔者所持的看法是广义的前千禧年主义。我不认为那些繁琐的细节被否定,前千禧年的整个理论就顺理成章地垮塌了。若基于更可靠的理由转向无千禧年立场,则是另一回事。但这本小册子要向福音派人士强调的是,重新深入研究整个千禧年国度问题是十分必要的。这样福音派各方就有望达成一致,有效地反对现代的思想潮流,避免在一些次要的事情上浪费精力。

当这个系列文章陆续发表的时候,一位基要派代言人告诫笔者要"远离国度话题"。大概是因为基要派在讲道中越来越不愿意解释千禧年国度的观念,因为此时国度的信息太容易与自由派社会福音相混淆,而彼时国度又容易误导人把基督教看作是现代思想的一种逃避策略。

但是,比起其他话题,国度更经常出现在耶稣的口里。他充满喜悦地一再宣讲国度的真理,那是他宣讲的中心主题。去掉他关于国度的讲论,无论是用比喻的还是不用比喻的,他的话就所剩无几。人们一再从他的口里听到"上帝的国"或"天国"的观念,而他一切的工作都是围绕天国展开的。

本书的目的不是要提出新的国度理论;现在已经进入教会历史的晚期阶段,任何新奇的解经往往会令人怀疑。我在这里也不是要仔细梳理那些流行理论,何况这么短的篇幅也不可能胜任。笔者虽然持广义的前千禧年主义,但我对时代论的国度延迟论[5] 没有特别偏好,在这里也没有必要附和这种前千禧年观点。在我看来,把教会的时代看作是延续而非断裂,看作救赎计划的惊人统一而非中断,这似乎更符合圣经的历史哲学。[6] 笔者认为,预言表明存在一个未来的地上国度,而非仅仅是一个永恒属灵意义上的国度。[7] 尽管如此,这些系列文章的任务不在于宣传某种国度观念,而是要提倡一个福音派的信念,即在基要主义的基本原则中，没有什么比福音对世界更具适切性，任何切断这种适切性的国度观点都会毁坏基督教最本质的特征。

耶稣关于国度的教导中，包含了已然国度和未然国度。只有承认这一点，这样的研究才是全面的。[8] 这并非是说存在一个极大的悖论，而是强调上帝的国度还没有完全实现。圣经学者的任务是要发现（1）在什么意义上它已经存在于地上；（2）在什么意义上它要在基督再来之前实现，以及（3）在什么意义上它要在基督再临时得到完全实现。

《马太福音》在四福音书中是最具犹太特色的一卷福音书，它非常强调旧约预言与弥赛亚预言之间的延续性，并且指出这两种预言在耶稣基督那里得到了应验。因此相比于其他地方，我们在这卷福音书中更能找到耶稣关于上帝国度观念的清晰教导。

耶稣显然没有宣告他会带来一个地上的政治国度。他不仅无意如此，还坚决弃绝这种观念。门徒没有使用武力推翻罗马帝国，凯撒与上帝国度的观念也没有必然冲突。只有当凯撒想得到唯独属于上帝的，冲突才会发生。耶稣所说的国度，似乎与世俗政府是可以共存的，只要这些世俗政府并不干涉重生后的信徒在其生命中寻求**至善**（summum bonum）。但世俗政府并不看重救赎信息，因此不应被等同于上帝的国度。上帝的此时国度和彼时国度的主要区别在于，未来国度会把所有一切关注都集中在救赎之王身上，因为所有政府和权势都要臣服于他。这个区别掩盖了一个重要的问题，那就是未来国度是否包含地上的统治。

人**现在**把多少精力集中在救赎之王的身上，就决定了上帝的国度在现在的时代有多大程度的实现。上帝的国度不能完全等同于地上的统治——虽然一些统治促进了救赎的进程，另一些则起到阻碍作用。人的统治并非必然与上帝的统治相冲突,除非它故意如此;即使冲突发生,上帝的国度也主要是倚靠灵性的革命达到其目标,而非倚靠政治革命。不管怎样,这是一个被赋予道德秩序的世界,罪的工价乃是死。上帝最终会在两个领域都得胜。希罗文化在中世纪以前的衰落,不是因为耶稣迫使犹太政府按照他的原则行事,也不是门徒努力去破坏罗马帝国的结果。希律王下台,凯撒被推翻,都不是上帝国度即将来临的先决条件。国度指的是每个人与他们的救赎之王耶稣基督的灵性关系,它的存在无需等待推翻或建立任何形式的地上政府。可以假定,它与任何一个不扭曲救赎含义的地上统治都是相容的。不扭曲救赎含义的极权制度,比扭曲了救赎含义的民主制度更好。但即便如此,不扭曲救赎含义的极权主义或民主制度也不因此就等同于上帝的国度,因为在彼时国度中,一切行动都要以救赎为中心。

在此时国度中,耶稣的福音没有以政治力量的铁蹄对付那些反对他的人,而在彼时国度中,将会有一个伴随烈火和洪水的审判结局。传统上,教会按照救赎主的教导,世世代代都在祷告:"愿你的国降临,愿你的旨意行在地上如同行在天上。"然而,这个祷文的希伯来文版本却反映了在此时国度和彼时国度之间存在多么大的鸿沟。

使徒关于国度的观点,对当代福音派具有同样的权威。在宣讲国度信息时,我们看不到使徒有什么忧虑。我们看到腓利宣讲"神国的福音和耶稣基督的名"(徒 8:12)。保罗在以弗所的会堂放胆辩论"神国的事"(徒 19:8),他在最后的讲论中提到以弗所的领袖时说:"我素常在你们中间来往,传讲神国的道。"(徒 20:25)到了罗马,保罗证明"神国的道,引摩西的律法和先知的书,以耶稣的事劝勉他们"(徒 28:23)。他在那里住了两年,"传讲神国的道,将主耶稣基督的事教导人"（徒 28：31）。

使徒关于国度的观念同样具有**此时**和**彼时**的特点，正如我们在耶稣的教导中所发现的那样。

这个国度不完全是未来的。保罗在《罗马书》中写道，上帝的国度意味着"公义、和平并圣灵中的喜乐"（罗 14：17）；在《哥林多前书》里他指出，上帝的国度"不在乎言语，乃在乎权能"（林前 4：20）；他在《歌罗西书》中劝勉门徒说，父"救了我们脱离黑暗的权势，把我们迁到他爱子的国里"（西 1：13）。《希伯来书》的作者写道："所以，我们既得了不能震动的国，就当感恩，照神所喜悦的，用虔诚、敬畏的心侍奉神。"（来 12：28）《启示录》的作者约翰写道："我约翰就是你们的弟兄，和你们在耶稣的患难、国度、忍耐里一同有份……"（启 1：9）这些经文清楚地指出，国度在信徒生活中是一个已然存在的属灵事实，与上帝的救赎和重生计划是共通的。

但这个国度也具有非常荣耀的未来维度。保罗在《哥林多前书》写到基督的再来以及死去的义人要在末日复活时说："基督既将一切执政的、掌权的、有能的都毁灭了，就把国交与父神。"（林前 15：24）显然，基督的统治包括两个时期，一个时期是他所有的仇敌还没有降服在他的脚下，另一个时期是所有的仇敌已经降服在他的脚下。再一次，保罗写到"血肉之体不能承受神的国"（林前 15：50）时，向信徒解释了可朽坏的不能承受不可朽坏的。他"在神面前，并在将来审判活人死人的基督耶稣面前，凭着他的显现和他的国度"（提后 4：1）劝诫提摩太，并且说："主必救我脱离诸般的凶恶，也必救我进他的天国。"（提后 4：18）彼得如此激励他的弟兄们，要"使你们所蒙的恩召和拣选坚定不移……这样，必叫你们丰丰富富地得以进入我们主救主耶稣基督永远的国"（彼后 1：10-11）。《启示录》的作者约翰期待着"世上的国成了我主和主基督的国;他要作王,直到永永远远"(启11:15)的日子,到了那时,"我神的救恩、能力、国度,并他基督的权柄,现在都来到了"(启12:10)。门徒们在耶稣被钉十字架和复活之后也听到他关于上帝国的教导,并询问他什么时候要来复兴以色列(徒1:6)。已然存在的属灵国度指的是耶稣在信徒的心里作王,但并非说未来国度的含义就是如此,因为到那时所有反对和抵挡的势力都要臣服于基督脚前。

当代福音派需要(1)再次提醒救赎信息对全球问题的适切性;(2)在普世阵线中,努力形成重要的福音派共识;(3)去除福音派信息中的一些元素,因为这些元素斩断了福音派对世界的关怀,而且把这种关怀看作是与基督教的本质不相容的;(4)在对首要问题的坚持已具有超出国界的意义之时,重新研究末世论,找到正确的观点,不再把精力浪费在那些次要问题的争论上。

**注释:**

1. 赫伯特·斯宾塞(Herbert Spencer)是这种乐观主义信仰的门徒。他说:"迄今为止,进步一直是法则,从今往后也将如此,这是一个合理的推测。但当发现这种进步是由一个普遍规律所推动——按照这个规律,这种进步必须持续直至达到完美状态,那时,对这个状态的信念就不再只是一种可能,而是具有确定性。"(*Social Statistics*〔New York:D. Appleton and Co.,1883〕,p.78)
2. 宗教改革时期重洗派主张的千禧年主义。——译注
3. 参《士师记》7:20。
4. 这一观点认为,只有强调上帝作为君王降临,才能避免乌托邦主义死灰复燃。——译注
5. 国度延迟论(postponement theory of the kingdom)认为耶稣第一次来临本来要建立上帝的国度,但由于犹太人拒绝,上帝的国度被延迟了,直到耶稣第二次来临才会被建立。——译注
6. 根据国度延迟论,耶稣要在他的第一次来临时建立大卫的国度,但由于耶稣

被犹太人拒绝,出现了国度的"神秘形式"。结果,这个教会时代的上帝计划据说只是"召出"信徒。在过去的两个世代里,这一理论在北方得到了广泛支持。很多人若非仅仅机械地认同全部的前千禧年主义,也是机械地认同全部的基要主义。约翰尼斯·魏斯(Johannes Weiss)、阿尔伯特·史怀哲(Albert Schweitzer)和其他所谓的"末世论调和派"只把耶稣看作是有恩赐的先知,他传讲的仅仅是一个未来的末世国度——这种一边倒的未来论调与延迟论关联不大,当然它也没有考虑过犹太人在国度中的位置。

7. 詹姆斯·奥尔以一种欢快的风格表达这种情怀:"我要承认,我被将来地上末后日子的荣耀——充满安息日的安宁及公义得以实现——吸引住了。对我来说,它似乎根源于旧约的预言,我不愿意弃之不顾……"(*Sidelights on Christian Doctrine*, p. 174)

8. 傅杰森(F. J. Foakes-Jackson)和柯索普·莱克(Kirsopp Lake)坚持认为福音书中的上帝国度有两层意义:这是一个未来的国度,它被宣告即将到来;同时,这也是一个由上帝统治的现时国度。"所有抹杀其中一个层面来解释上帝国度的尝试都失败了。"(*The Beginnings of Christianity*, I, p. 280)

# 第 **5** 章
# 十字架上的基要派盗贼

耶稣被钉十字架时身边有两个犯人，一个可以被看作是人文主义者，另一个则是基要主义者，这并非奇谈怪论。左边的那位认为，基督没有为受苦的人类作出什么重大贡献，而右边的那位则相信基督的救赎，他只求将来当耶稣得国降临的时候，自己的名会被记念。

当代基要派需要多花时间去默想救赎主的回答："**今天你要同我在乐园里了。**"我们此刻必须透过这个信息向腐朽的现代文明敲响警钟，我们此刻必须以道德力量来震动世界，并给这个世界带来希望。

把基要主义者钉在十字架上是当前的流行做法，但这不是这个系列文章要做的，我也不认同自由派和人文主义者对基要主义所做的不实攻击。为了掩饰自己的尴尬，今天很多自由派人士颇有心机地向上帝感恩他不是一个基要主义者。通常，自由派大谈反对蒙昧主义，批评其只按字面解经，视圣经为上帝的机械性默示而无关乎作者的个性，断言上帝在 1900 年之后就对人类历史袖手旁观。但自由派却从不提及这些并不是具有代表性的基要主义者所持的观点。他们以为只要把自由派神学和那些只有精神不健全者才认同的极端观点区别开来,就可以除去自由派神学死亡之躯中的那根刺。于是,基要主义者被钉上了十字架,而自由派人士却在狡辩中逍遥于外。

另一方面,这个系列文章的目的是要指出,基要主义只有认同历史上的教义和属灵生命(superlife),才能完成上述使命。这一属灵生命的体现之一,是充满热忱地乐意将耶稣基督的知识带给众人。缺少这种热忱,基要主义就会变得无关紧要。在这里,"反向实用主义"(negative pragmatism)[1]似乎是有道理的。如果基要主义不再"行得通",那是因为我们加入了一些东西,违背了基督教最核心的本质。使徒们确信他们不单拥有天下人间可以靠着得救的名,而且他们是基督的使者,他们忠心的服侍显明了救赎赐予他们重生所带来的影响。本书盼望福音主义运动可以带给贫乏世界新的生命与活力。

在这里,历史性基督教的超自然主义框架,被高举为解决现代难题的唯一方案。它不是以柏拉图的理念论或克尔凯郭尔的存在主义来否定自然主义,而是重新肯定希伯来-基督教的救赎信息。传统的基要主义若要与其他思想恰当地区分开来,不应把重点放在这些并非所有福音派都接受的衍生之说上。真正的差异会在如何对待当代有争议的议题上显明出来,并会带来激烈的冲突。基要主义坚信宇宙是有目的、有道德的,反对一个完全如数学般精确的宇宙;它坚信一位有位格的上帝,反对非位格的终极实存,无论是时空,还是各种生命冲动[2];它坚信上帝的创造,反对自然主义的进化论;它坚信人的独特性是上帝所赋予的,而非由于人类的进步;它坚信人的困境不是由于动物的遗传,也不是人性的必然,而是主要因为他背叛上帝;它坚信救恩只能来自上帝,反对人可以自救;它坚信圣经是启示,告诉人们上帝在耶稣基督里作为人的救赎主道成肉身,反对把圣经看作只是一本记载宗教经验的书，与众多的宗教书籍毫无分别；它坚信历史与人接受或拒绝**神-人**息息相关，而不只是发生在各国中的历史；它坚信未来如何并不是一个开放性的问题，世界正走向人类未来审判的最终结局。

　　我们从这个整全的观点来看待基要主义，就会明白若把基要主义仅仅等同于末世论，便大大扭曲了基要主义。当然，比起那些冒黑格尔或康德之名的哲学家，没能弄清基要主义真正内涵的基要派人士为数更多。我们不必因为一些次要的观点而放弃基要主义者的立场，也不需要转向含混的新基要主义观点，或是转向所谓的保守派，以区别于基要主义。名词上已经出现许多混淆，以致我们可能总是被当作有自由倾向的基要主义者，只强调自由派神学的基本原则，而更可怕的危险是故意助长这种误解。

　　抛弃自身的教义、转向自由派神学，这种做法不可能给现代基要主义带来新生。因为历史已经暴露了自由派神学不切实际的面目，恰恰是在上一代盛行一时的那些非福音派意识形态已经失败。它们质疑基督教的超自然主义在过去没能起到作用，自己也没能防止历史上最严重的崩溃；历史会以比我们更清楚的视野作出审判，指出去掉超自然主义根基的信仰将如何导致自身的崩溃。

　　福音派所信仰的东西也许太多，但它整个的思想观念还是包含了重要的原则。现在是基要主义发出合一声音的时候了，如果它关心历史的基督教传统，而不是那些次要的教义，或导致福音派分裂的末世论偏执之见，那么它一定能够给现代思想带来革新。但是，一个三心二意的基要主义——在基要和非基要问题上摇摆不定——既收不到主的信息，也听不到沉沦之人的呼声。

　　笔者的改革宗朋友们认为，基要主义需要接受普遍恩典的观念，从而获得一种必不可少的历史哲学。信奉无千禧年的朋友认为，无千禧年主义是被人忽略的关键点；而信奉前千禧年的朋友则对此嗤之以鼻。其他人则认为，福音派最大的需要是灵性的复兴，要清除威廉·沃德·艾耶尔（William Ward Ayer）博士命名的"法利赛人的基要主义"。该词用来指称那些——幸好人数不是很多——在教义上很正统但在伦理上不健全的人。艾耶尔博士谴责"基要主义的法利赛精神"，并且警告"若在我们中间不能恢复爱、能力、宽容和灵性，那么比起宗教上浅薄的现代主义者，我们就更容易否定我们的信仰。现代主义者的追随者毕竟有限，而我们的追随者却是人数众多。"另有一些人则认为，最基本的需要是共同商讨和确定福音派的重要教义，它们能够在危机时刻对现代思想起到拨乱反正的作用。

福音派的不安是这个时代最有希望的迹象之一。因为它可能会带来变革，从而在新教内部引发一场 20 世纪的宗教改革，并且在现代世俗主义内部带来一次全球性的复兴。在重大教义问题上达成一致，这是福音主义的优势。福音派阵营中人数庞大，团结广泛。当今没有哪一种意识形态可以与之相比。而自由派却陷于变动不定和缺乏共识的泥淖中：在有位格的上帝和上帝是一种创造力（"位格"只是象征）这两种观念之间，它表现得犹豫不决；在接受耶稣对历史有绝对意义和可以对他作历史上的科学性探索之间，它左右摇摆；在承认人在某种程度上是恶的和人性本善二者之间，它也没有定见。当它接受前一种观点，罪就被剥夺了作为罪的真正特点。而基要主义在主要的教义如上帝论、创造论、人论、救赎论以及末世论上都取得了共识，这些伟大教义的中心指向永活的救赎主基督，这也是早期教会向当时的腐朽文化所宣讲的信息。

在一些次要的问题上投靠当代思潮只会错失良机，因为圣经超自然主义的核心信念对现代问题才是最适切的。现代社会最需要聆听的信息是希伯来-基督教中的核心信念。现在已经到了最后关头，应当立即以圣经的观点直接给摇摆不定的现代思想以一击，不然就会坐失良机。

在这里提出福音派的解决方案，不是等着被拒绝，虽然几百年来它曾在不同程度上被拒绝，而是作为一个当下可行的方案，只要人类和各国都愿意归服耶稣。他们将来一定会归服耶稣，这种说法总是合乎时宜的，但不如指出上帝既在历史之中也在历史之外做工更加合乎时宜。

也许，耶稣正站在我们已经解体的文艺复兴文化的坟墓前，这一图景可以用拉撒路复活的比喻来进一步说明。当拉撒路死了，周围的人陷入悲伤，耶稣来了，很确定地说："你兄弟必然复活。"马大说："我知道在末日复活的时候，他必复活。"（约 11：24）基要主义如果也是这样，削弱上帝在历史中的角色，只为未来的审判做预备，就会在拉撒路的坟前停滞不前。而耶稣却在那里大声呼叫："复活在我，生命也在我……拉撒路出来！"

因此，基要主义的问题主要不在于找到有用的信息，而在于使救赎信息有其恰当的现世关注。基督教仍会带给人们最持久的动力，最崇高的世界观和最活泼的盼望，每当人们想要安于更小的动力、次基督教的哲学和更弱的盼望时，它永远是适切的。

如果新教正统远离现在的世界困局，就注定会退出历史舞台。在过去的文化危机中，不论是在使徒时期面对希腊-罗马世界的挑战，还是在宗教改革运动中面对中世纪腐败的天主教的挑战，正统信仰者总是为建立新秩序冲在前面，而不满足于一个第二或第三位的角色。假如福音派提供的答案只是一种宗教上的避世，那么，盐就失去了它的味道。

我们向社会发声的责任不会因为我们相信基督再来而减少。假如明天就复活又怎样？——今天，我们在**这里**，而这里就是一个全球性的宣教工场。

注释：

1. 实用主义强调若某物行得通，它就是真的。基督教却认为，某物是真的，它就行得通。反向实用主义——正如霍金（Hocking）所说——强调除非行得通，否则不可能是真的。
2. 生命冲动（*élan vital*）是法国哲学家柏格森（Henri Bergson）的哲学概念，指宇宙演化之动力。——译注

# 第 **6** 章
# 努力寻求新的世界思想

如果历史的基督教想要在世界上再次成为一种重要的思想体系，福音主义就必须为最迫切的世界问题提供解决方案。它必须为一种新的世界思想提供灵性目标[1]，包括可以应用在区域性的和国际间的政治、经济、社会及教育领域的福音信念。救赎信息给予生活全方位的指导，只有残缺的信息才带来残缺的生活。

在宣教策略上，福音派可能从未成功地重塑现代思想，以至于未来的世界文化可以被充分等同于基督教文明。为了成为具有全球性活力的思想体系，基要主义也不必拥抱现在已被自由派所抛弃的乌托邦理想。相反，它对人性以及新约真理的真知灼见，使人有充分的理由认定：若没有基督的再临，上帝的国度就不能被建立。

但是，基要主义不赞同最近流行的新超自然主义和自由派圈子的观点。这些观点认为，人作为罪人，是由于人性的必然，似乎他原本就注定会失败。在人论这个问题上，福音派和非福音派分道扬镳。基要主义者认为，原初的人作为上帝的受造物，被赋予了道德性的公义，所以人不是依其本性成为罪人，而是由于自由意志错误的选择。因此，盼望更好的社会秩序，与救赎恩典在人类社会中的落实直接相关。新超自然主义者和自由派接受进化论，抛弃人犯罪后从其原初的完美中堕落的观念。按其理论，人的不完美被认为是从遗传带来的动物本能，或人性的限制。而盼望更好的社会秩序，与人战胜自我、成功提升个人修养直接相关，这其中就掩盖了人的失败。两次世界大战之后，自由主义也抛弃了曾经是社会福音中最具特色的社会必然进步的信念。保罗·蒂利希（Paul Tillich）会告诉我们："真正的基督教从来都不是乌托邦。"[2] 而福音主义则相信，人的进步与其说会被人性所限制，不如说是因为他拒绝接受上帝的重生恩典。

因此，福音派可以用一种冷静的乐观主义来看待未来。这种乐观主义确信公义终必胜利，相信上帝的救赎在任何时代都是大有效力的。福音主义不一定会创造出一个全盘基督教化的文明，但这并没有否定靠着基督的救赎大能，我们要在尽可能多的领域赢得胜利。它在这里带来改革，在那里颠覆异教；它推动耶稣基督的救赎信息不断向外广传，令人想起使徒们的胜利。即使基督教不能给苏联带来新的生活，但没有理由说它在中国行不通；即使它不能给西班牙带来改革，也没有理由说在南美洲也是如此。在我们的全球会议上，一个为耶稣而发的声音，可以是一个决定性的声音；世界会从这个令人吃惊、独排众议的声音中惊醒过来。伟大的国家需要有力的领袖，而一个有着与保罗同样信念的政治家，将会使整个世界政治舞台回荡福音派的伟大精神。

福音派要争取在教育领域中建立新的秩序。西方的大众教育是根植于教会决心要向大众宣扬基督教世界观和人生观的主要教义。但在过去的三个世纪里，国家逐步把教会排挤出教育机构。今天，世俗教育更是公开或暗中破坏传统的基督教有神论。

福音派在这样的环境下，必须争取两个学术方面的伟大转变。

首先，必须在每个研究领域中撰写有分量的作品，包括从小学到大学的每一个阶段。这些作品应在每个主题上展现基督徒和非基督徒各自观点的丰富内涵。现代世俗主义打着反对教条主义以及一视同仁的旗号，歪曲基督教，熟悉现代思潮的人很容易就识破了这一点。福音派必须争取基督教思想在其他思想以及在世俗教育中都能得到公平的聆听。目前，大学里几乎所有的哲学思想都可以由其信奉者来教导，比如柏拉图主义、亚里士多德主义、康德主义、黑格尔主义等等，却故意不让希伯来-基督教思想的信奉者来教导其思想。

第二，虽然现在国家把持着教育机构，但福音派不能因此而舍弃福音职责——向大众宣扬基督教的世界观和人生观。只靠教会和基督教出版机构从事这方面的工作是不够的。我们要再次肯定福音派办校的重要性。美国新教教会正计划斥资数百万美元进行战后重建和改造，并非所有这样做的教会都有正统信仰，但大部分确实如此。由于海外宣教有更大的需要，所以这个国内大后方庞大的项目支出受到严厉的批评。然而，可以说，这样的批评是不符合实际的，这并非故意忽略海外的需要。区分国内和海外宣教的做法在一个世代之前就已经过时了，基督教再次面临使徒当年的任务，必须改变它所处的充满敌意的环境。而且，既然教会已经决定将这笔钱用于国内重建和改造，就应该拿出一个更现实的计划。从投资的角度来看，通常的福音派建教堂有很多问题。

现在已经到了福音派重新考虑其整个建教堂项目的时候了。在巨额资金的支持下，大多数教会建起了可供敬拜的建筑物，但通常除了两场主日崇拜和一个周间祷告会（如果有的话）外，这些地方几乎就是闲置着。资源使用率如此之低，与投资花费极不相称。长此以往，没有哪一个世俗管理者会对此感到满意。经历了现代危机之后，管理水平应得到更好的提升。也许，建造福音教育场所是一条出路。教育场所提供每周循环的课程，以此与世俗的教育相抗衡，其吸引人的观众席可以用作崇拜。事实上，基督教教师人数不足，更证实了对这一议程的需要。毫无疑问，现在是全力开展福音教育运动的时机，教会要好好考虑如何有智慧地使用金钱。只有以最高的学术标准开办福音派的小学和中学，以及专科学院和大学，才能迅速让年轻人的思想归回到基督教的世界观和人生观上，以之为当今文化唯一可取的灵性基础。正是最先来自过去福音派的异象和慷慨善举，才促成了今天全美的世俗学院和大学。尽管有现代主义和人文主义的重重阻挠，福音派仍须坚持实现其异象。即使必须有所牺牲，福音派也会因此得到耶稣基督的喜悦。

这样的教育不一定只能是出世的，相反必须以当代的福音精神对所有人和国家施加影响。它坚持教会的首要任务是挑战世上的男男女女，宣告福音是普世的。当全世界发觉希特勒正在威胁捷克斯洛伐克、波兰和英国，墨索里尼正在威胁希腊边境时，它也应该发觉耶稣在文明的危机边缘所赐下的拯救应许，他呼召我们作出灵性的抉择。

基督徒的新生命必须在重生者身上、在信徒生活的每一个领域中活出来，直到未重生者被基督教的道德水准所打动，并承认信仰的力量。虽然未重生者并未因此得到救赎，但比起那些故意与基督教道德标准划清界线的人，他们更容易靠近基督，因为他们知道基督教伦理不可能与基督教形而上学割裂开来。在某种程度上可以说，任何受到基督教观念影响的社会，更能怀有善意地对待基督教的传播。

　　福音派绝不能主动撤离未来的政治舞台。人们可以像浸信会信徒那样相信政教分离，但无需放弃自己的政治才干，而把这个领域留给无神论者。罗马天主教会已经看到，在当今世界，全球事务之重要性绝不亚于其他事工，故此他们在训练有非凡见识的世界外交官。当社会朝着极权主义的专制化或分离主义的原子化方向来重组的时候，福音派不能沉默；它也不能满足于一种被抽掉救赎成分的民主生活方式。福音派一直宣称这样的信念：上帝是社群生活的真正中心，他透过耶稣基督的救赎工作向世人显明这一点；无视宇宙真正主宰的政体是一种僭越；人格的价值只有在救赎框架下才能得到保障；人们可以真正享有的自由并不是世俗主义者所认为的自由，而是上帝赐予的真自由；缺少在永活救赎主里面的超越的灵性基础，任何政府都不可能战胜解体的威胁。

　　福音派应避免我们时代常见的一个错误，即把共产主义或国家社会主义看作是对极权主义错误或民主社会不足的适当修正。如果缺失最重要的救赎成分，那么任何政治或经济体系的美好应许都只不过是不能实现的空想而已。一个有救赎的极权主义远比一个无救赎的民主社会更可取，一个有救赎的共产主义远比一个无救赎的资本主义更有益，反之亦然。但是，在现有的解决方案中被抽掉的正是救赎元素。福音派今后的任务将是重新宣告救赎信息。任何一种经济重整，不论它克服了多少专制主义和个人主义的弊病，都不会因此而等同于上帝的国度。相反，只有在救赎框架内，这些弊病才能完全被克服。比起法西斯主义，共产主义可能更关心个人权利，但是，它也不可能比民主生活方式更加等同于基督教文化。因为正是救赎使基督教有别于其他，也惟有救赎才是这个颓废的社会极其需要的。

　　若福音派默不作声，就会被看作对重大的社会议题不闻不问，缺乏洞见，但福音派绝不应该在非救赎框架下寻求解决方案。过去已经做了很多尝试而一无所获，现在应该让福音派来阐明它的救赎思想了。

一个有效率的联合国机构可以使世界逐步走向和平，但它不是和平最好的、永久的保障。共享原子弹的秘密可以在消除国际间的怀疑上跨出一大步，但这不是最好、最可靠的手段。分配衣食给全世界挨饿受冻的人可以救活无数的生命，但它不能提供一种使生存富有意义的属灵生命。增加劳动者的薪酬可以减少一些劳工管理关系中的不平等，但它对于人们经济以外的需要却爱莫能助。

当这些努力都不足以获得福音派所寻求的救赎意义时，福音派应该如何看待现代社会针对深层次世界问题而发出的严厉抨击呢？这个问题仍然需要思考。

福音派毫不怀疑救赎框架的必要性。但那些不想做太大改革、又在这个框架之外的人，会期待福音派能作出正确的选择。那么，福音派的态度应该是什么呢？

**注释：**

1. 参拙著 *Remaking the Modern Mind*（Grand Rapids：Wm. B. Eerdmans Pul. Co.，1946）。
2. Van Dusen，Henry P.（Editor），*The Christian Answer*（New York：Charles Scribner's Sons，1945），p. 44.

# 第 **7** 章
# 福音派的"抗争原则"

我们坚持认为,福音派所相信的未来国度,不应取代过渡时期的世界议程(world program)。这个福音主义思想中的当代社会议程包括:(1)提出全面的救赎框架,抨击全球弊端;(2)反对所有的道德罪恶,不论是社会的还是个人的;(3)不单提供一个比其他思想体系更高的道德标准,也要提供一种在基督里的动力,借此将人类提升至最高的道德成就。

但是,我们发现,当前抨击道德罪恶的先锋并非福音派人士。相反,非福音派的人文主义走在了前面,鼓舞人们去建设美好的新世界。今天的社会活动主要是由非福音派群体规划的。

随着乌托邦理想的幻灭,非福音派阵营陷入严重的混乱之中。非福音派的信念变幻不定,自由派在新超自然主义和人文主义两极间摇摆。一些人文主义者沦为悲观主义者,其他人则在焦虑中踌躇不前。

一直以来,福音派远离社会问题,这一状况令人感到尴尬。当前正是最有利的时机,福音派当抓住这个机会,重新夺回推动世界新秩序的领导地位。失败迟早会有，但不能因此自动放弃福音派的宣教责任。不能完全得胜，并不意味着局部的胜利没有意义。福音派所倡导的世界议程正是当今世界最需要的及时雨。[1]

但是，福音派发现周围的人常常试图在非救赎框架下寻求消除社会罪恶的方法，并且对超自然救赎心怀敌意，这带来一个很大的难题。福音派人士相信对任何问题作非救赎性的抨击都必然会失败，那么，身处这样的环境，福音派又怎样调和二者的矛盾呢？这不是一个容易回答的问题。笔者也不想假装对此问题有成熟的答案。但这个问题曾经挑战使徒时期的教会，对于剥离了超自然主义的当代西方文化而言，这同样也是一个迫在眉睫的问题。在这一问题上，最优秀的福音派思想家也要费力思考。福音派神学院和大学的宗旨，可能在很大程度上决定了福音派领袖如何解读战后危机时期的具体社会需要。今天，没有一个框架是真正适切当今社会问题的，除非它能在人类活动的各个领域中回答罪和死的问题。面对这一挑战，福音派必须努力提出一份令人满意的解决方案，与福音适切性的信念相称。

一些经过认真思考的主张，不论多么初级，都会对最后的解决方案有帮助，不论它是一种行动抑或是对行动的回应。基督教不应反对任何社会所需要的改革，而应站在改革的前沿，并且从历史中吸取教训，在救赎的基础上推进其行动。改革若建立在其他基础之上，都会由于其内在的缺陷而难以为继。

虽然福音派抵制非福音派提出的解决方案，但却不应该终止与世界罪恶作斗争。正因为福音派对罪恶的反对永不会改变，所以它不仅应该与所有值得敬佩的改革运动长期共存，还应对其给予适当的指导。它必须不遗余力地谴责所有的社会罪恶，同时又坚信一个可持续的解决方案只能建立在救赎基础上。在这场战斗中，福音派要比人文主义和宗教现代主义更加积极。它应该与侵略性战争、政治自然主义、种族不宽容、私酒买卖、劳工管理中的不平等以及一切其他弊端作斗争;而在踊跃投身战斗的同时,它应当指出在基督里的救赎才是唯一令人满意的解决方案。对笔者而言,这才是真正的福音派方法论,而如何在现实生活中将其应用出来,则是一个有待完成的任务。

福音派就其运动和组织而言并不复杂,它完全由持守传统的基督教有神论者组成。他们不仅团结于对社会议程的需要,也团结在世界有可能被改变的背景之下。但在这些圈子里,挑战社会问题的同时,阐明基督教真理的努力还很不够。也有一些保守宗派,如改革宗,以及美南浸信会联会,一直保持着或开始表现出对社会问题的浓厚兴趣,但是,要透过宣讲救赎之道为教会赢得所有社会阶层的热情,还需要更多努力。

但如果把社会改革放入更大的集合体中,问题就变得更加复杂了。这些集合体通常是宗教性的,其成员立场多样且主张包容,所以福音派、自由派和人文主义可以一同合作。在这一群体中,当其他人谴责罪恶时,福音派不能保持沉默,但也不能屈从于非福音派的思想框架。因此,福音派的行动路线既要积极地谴责所有的社会罪恶,一点也不能比其他群体落后,又要下定决心:(1)当福音派是多数派时,要在谴责抨击中坚持基督教的救赎是唯一真正的解决方案;(2)当福音派是少数派时,要以"抗争原则"来反对罪恶,热忱地投入抨击社会弊端的行动中,同时坚持救赎重生才是永久改变这些弊端的唯一途径。这样,福音派人士不论是在自身的圈子内还是圈子外,都能以救主耶稣基督的名义反对罪恶。之所以这样做,是为了恢复福音派原有的精神。但如何以积极的方式而不是消极的方式,如何在少数派报告[2]之外继续表达抗争，仍有待进一步研究。福音派应该善加利用民主议事程序的每一个阶段，而不是在这个节点上错误地传达福音派的信念。基要主义者对教会受到束缚感到不安，往往更留意他们所反对的，而不是他们所提议的。

有一些基要主义者会立刻指出，在任何的社会改革中福音派都不应和非福音派联合。本书的目的不是要评论那些大的现代宗派是否可能对耶稣基督保持福音上的忠诚——每个宗派都有迥然不同的组织和状况。当然，福音派所要求的忠诚，没有什么能超过对耶稣基督的忠诚。每个福音派人士必须按照他自己的良心，辨识他是否活出了对耶稣基督的忠诚，抑或被宗派压抑了这种忠诚。但是，对基督的无限忠诚无论如何不能等同于对世界罪恶的默许。

除了宗派带来的问题以外，由于所处的文化并非基督教文化，福音派往往必须为了社会改良与非福音派团结起来，才能实现其目的。这种做法之必要，恰恰是因为福音派没有占据主流地位。关于福音派不应该在一个非福音派的处境中表达自己信念的说法，实际上是剥夺了福音派的宣教异象。

只有当一个群体清楚地将救赎意义排除在实现美善目标的选项之外时，福音派才不可能在社会改良上与之合作。如果在这些群体中福音派甚至不能得到少数派的民主议事权利，那就别无他法，唯有单独行事。假如福音派要重新恢复福音的精神，就必须有所行动。在非福音派的群体内，福音派必须抓住机会见证耶稣的救赎大能。它出于信念，永不应该投票赞成低于自己立场的提议，除非同时提出相应的抗议。这样做比拒绝抨击公认的罪恶更能真实地表达其信念，因为后者是在面对连救赎主都会毫不犹豫给予谴责的罪行上放弃立场。

　　事实上,这些寻求"纯粹福音主义"的运动,出自一些较大的宗派群体。它们常常牺牲社会异象,只关注在日趋敌对的环境中的个人救赎。这里不是说在打破宗派主义之后它们必然走向对社会的冷漠,而是说这样的运动经常牺牲福音派的合一,代之以残缺不全的分离主义世界观,企图以原子式个体的形式在本地或海外开展宣教工作及作出英雄式的真挚牺牲,在敌对的环境中杀出重围。

　　这样,我们就不能说福音派的社会冷漠是由于加入与自由派联合的宗派联盟。因为即便是没有加入任何自由派联盟的基要派教会,却也和其他教会一样对社会不作为。令人好奇的是,一些加入自由派联盟的基要派教会,却比很多身处纯粹的福音派环境的教会有更多的普世意识。

　　还有,福音派信念确实需要一个统一的声音来表达。除非美国基督教协进会和美国联邦基督教协进会可以在某个现代的安提阿城会合,它们的彼得和保罗能够以爱和真诚来互相面对,在现代处境中的救赎信息才不会失去使徒的大能。如果我们常说联邦基督教协进会是美国新教自由派的声音,那么,新教的福音派也需要一个一致的声音。当这样的团结出现,福音派群体间的互相争斗将让位于上帝的荣耀,以及福音见证所带来的彼此促进。如果不能做到这一点,最负责任的群体也不免走向衰败。

**注释:**

1. 自由派的发言人也承认,将基督教的社会责任与具体决策关联起来很不容易。贝内特在《基督教伦理与社会政策》(*Christian Ethics and Social Policy*)一书的第二章列举了一些问题。但困难不应成为袖手旁观的借口。
2. 一种民主议事规则。通常实行少数服从多数的原则,但如果少数一方不同意多数的意见,通常会保存(有时是秘密的)一份少数派报告。——译注

# 第 **8** 章
## 新改革之黎明

这个世界需要充满生命力的福音主义。今天的时代如尼禄统治下的罗马帝国一样忙乱，又如路加笔下的马其顿一样亟需关注。

今天，人类受苦的呼声不断。漠视人类生活的福音派不敢以基督教的名义作出回应。尽管现代的各种危机从根本上而言，并非政治、经济或社会性的危机——其本质是宗教性的危机，但福音主义在提供解药时，必须能够针对现代政治-经济和社会处境开出良方。

不论世界多么破败，在废墟中仍能看见创造主的踪影。上帝没有对世界的灾难视若不见，置身其外，他既临在于人类辉煌的历史，也现身于人类悲惨的历史。他既在历史之中，也在历史之上。上帝闯入各种文化和全人类的生活中，以他的圣灵向男男女女发出普世的挑战。即使在福音未见果效的地方，上帝也仍在工作。宣教是否成功不能仅以皈信的人数来衡量。福音在这个世界中发挥着盐的功效。它致力于社会的重塑，在受到抵制的地方，也常常推动进步的思想取代落后的观念。崇尚民主的人道主义无疑比政治自然主义让人生活得更美好，除非它也退化成后者。

现代福音派无需把建立"相对高级的文明"作为首要目标，这样做会陷入昔日自由派的错谬。现代福音派最重要的目标是向罪人宣告救赎恩典。基要主义也没有必要拥抱自由派神学已告失败的社会福音。神圣的秩序需要超自然法则——外来的创造之力——向人类社会注入崇高之源，使人获得新生。上帝对人类在罪中自我毁灭的翻转，是解决政治、经济、社会或其他各种问题的唯一正确答案。出现了政治上的动荡？你们要先寻求的，不是共和党的胜利，或劳工方的胜利，而是要先求上帝的国和他的义，然后一切都会加给你们——这未必是共和党或劳工方获得胜利，但却是政治上的安宁。出现了经济上的动荡？你们要先寻求的，不是增加工资和减少工时，与此同时可能伴随恶性竞争带来的高商品成本，而是先求上帝的公义，它会带来劳资双方的公平。而那要加给你们的，不仅有解决人的经济问题的方案，还有解决人的灵性问题的方案。如果人的灵性出了问题，现代文明不可能有令人满意的安宁。退一步说，这从另一个侧面反映出，救赎福音最能切中我们这个颓废时代的需要，而其他很多所谓的解决方案其实是隔靴搔痒。

但是，这不意味着我们不可以为了达至相对更高的善而共同合作，这是人性中被唤起的最崇高的使命，当然我们也应当提醒自己这些行动的不足和薄弱之处。上帝给重生者预备了超自然的救赎恩典，但不影响他把自然恩典也赐给所有的人——包括重生者和非重生者。他赐活水给已蒙救赎者，但不因此而停止降雨给义人和不义的人。特殊恩典不会排斥普遍恩典。正因为如此，教会无需贬低救赎信息，而恰恰要以此服侍那些不信的人，也服侍那些重生的信徒。

这对福音主义所包含的意义是显而易见的。我们必须坚持与罪恶作斗争，必须在每个领域毫不留情地对政治、经济、科学、伦理和各个领域里的敌人穷追不舍。但是，当我们已经把敌人甄别出来——把敌人与那些遭他绑架和误导的人分开——我们就必须穿上福音的盔甲正面迎击我们的敌人。其他人在抵挡敌人的时候可能手中没有利器，他们不了解敌人的本质，也不知道如何取胜。我们要和他们一起作战，努力识破敌人的真面目，更加有的放矢地申明救赎原则。

这些掺杂了基督教和非基督教元素的基督教亚文化，无论如何都达不到上帝的绝对要求，但还是比一个完全没有救赎性的社会氛围更有利于人类。在理想主义者的语境中宣讲基督教最本质的真理，远比在自然主义者的语境中更为容易。对理想主义而言，生命包含丰富的意义，而对于自然主义，生命真正的意义已经失落。因此，对理想主义者更容易谈论还有一个更丰盛的生命。迄今为止，盎格鲁-撒克逊的民主和德国的极权主义，两个制度中的任何一个都不能等同于上帝的国度，但相对而言，前者还是比后者来得美善，这应当归功于希伯来-基督教世界观在其中的影响。

虽然离开救赎背景去纠正社会、道德和政治状况不是基督徒的首要任务，但因为对罪的反对，基督徒应该支持所有纠正时弊的社会行动，只要它们不是特别地反对福音。与此同时，基督徒要谴责这些行动缺乏救赎性。在美国社会中，基督教有神论仍具有广泛的影响与活力，所以常见的解决方案本质上都是非救赎性（non-redemptive）的，而非反救赎（anti-redemptive）的。基督徒通过支持这样的行动，加上对福音的强调，他们可以与联合国机构一起，对侵略性战争作出谴责，同时质疑其努力禁止战争时的参照系；可以对种族仇恨和不宽容作出谴责，同时抗议对人的肤浅看法，因它忽略了个人重生的需要；可以对私酒买卖作出谴责，同时坚持不可能通过立法来纠正人心；可以在商业和生产中寻求劳资双方的公平，同时反对人最深层的需要是经济需要的谬论。这是在世界最痛苦的前沿，把基督教积极的信息与世界相连，并向世界发出救赎性的挑战。基督教伦理拒绝把社群利益化约为某些与有神论和启示割裂的东西，并坚信非福音派的人文主义由于缺乏足够的动力，不可能给世界带来长远的道德改善，从而更加认定基督教的解决方案是可行的。

并不是说福音派的行动止于此，它还说不上开始。现代观念中有一个错误深刻影响了非福音派群体，导致他们近年来大量采用"通过一项决议"或"写作一本书"的方式来提出解决方法，使得解救之路看上去很漫长。他们的行动经常停留于决议和书本上。西方文化充斥着各种解救之法，它们来源于各种理想主义和人文主义，却又在转瞬间迅速地破灭。我们要小心同样的危险也会伴随福音复兴运动。

福音派的首要任务是宣讲福音，关心在超自然恩典下的个人重生，正因为如此，上帝的救赎可以看作是对个人或社会问题的最好解决方案。它透过圣灵的重生工作，在历史中塑造了超越国家和世界限制的合神心意的群体。信徒圣洁生活的集体见证，他们在生活的各个领域以上帝的大能攻克罪恶，将为世界提供很好的榜样。比起使徒时代，我们时代的社会问题更加复杂，但在本质上没有什么不同。当 20 世纪的教会开始在世界中表现自己，正如第 1 世纪的教会深深影响外邦邻舍，现代思想也会放弃另觅他途。当代的重大问题都是道德的和灵性层面上的问题，它们需要的不只是一个方案。福音派对福音真理有绝对的确信，若在面对社会罪恶时不加宣讲，这肯定是说不通的。但现代人的心理总是习惯于首先把基督教看作是一种人生观，而非一种世界观。当然，从福音派观点来看，二者是不可分割的。而从非福音派的观点来看,五旬节之火的洗礼带来了世界宣教的进程,以及充满上帝权能的基督教群体,它将把现代福音派不安的良心引向新型的改革——这次的改革对整个基督教世界都是举足轻重的。

# 附录：入世而不属世

曾劭恺

## 引　言

本书在美国福音派运动的历史上占有举足轻重的地位。它一方面确立了作者在该运动中的领导地位，另一方面也拟定了美国福音派在接下来数十年间参与公共领域的基本路线。这部著作出版至今已逾七十载，其影响有目共睹：美国福音派履行本书的策略，已然成为强大的社会势力，在教育、文化、商业等领域中皆不容小觑，甚至成为过去半个多世纪历任美国总统候选人争取的主要票仓之一。然而，美国福音派过去数十年在社会运动上的发展，许多方面却与作者原初的立意相违。例如，作者在书中强调：

> 如果缺失最重要的救赎成分，那么任何政治或经济体系的美好应许都只不过是不能实现的空想而已。一个有救赎的极权主义远比一个无救赎的民主社会更可取，一个有救赎的共产主义远比一个无救赎的资本主义更有益，反之亦然。但是，在现有的解决方案中被抽掉的正是救赎元素。福音派今后的任务将是重新宣告救赎信息。任何一种经济重整，不论它克服了多少专制主义和个人主义的弊病，都不会因此而等同于上帝的国度。

（第 63 页）

当代美国福音派在社会上最具影响力的右翼人士却经常将资本主义、古典自由主义等意识形态所落实的社会体制视为上帝国度的彰显。"推进上帝的国度"（advance God's Kingdom）是他们常用的政治语言，特朗普总统任命的第一任教育部长戴弗丝（Betsy DeVos）女士上任前就曾宣告这是她在该岗位上的最高使命。论及这种现象，笔者有一次听到美国左派社运人士在某间自由派教会的一篇讲道，之后与美国正统长老会（Orthodox Presbyterian Church）神学家卡西迪（Jim Cassidy）博士进行了如下这段对话。

"你认为福音派跟自由派有什么共通之处？"卡西迪问道。

我笑称："他们都领受了普遍恩典，但除此之外我就不确定了。"

卡西迪认真地指出："他们所共有的不止如此。美国基督徒热爱社会行动主义（activism），你在这个国家无法避免它，不论你是右派还是左派。你所听到的那篇道，以及一个神治论者（theonomist）会讲出来的道，有什么差别？其实没有太大的差别。在政治上他们立场相异，但他们的讲道却属于同一类别。左派跟右派并没有太大差异。他们都想把末世（the eschaton）予以现世化（immanentize）。"

20世纪上半叶，陶德（C. H. Dodd——笔者恩师巴刻［J. I. Packer］博士在《认识神》以及许多著作中皆用许多篇幅驳斥此人的诸般论点）等几名英语学界新约学者主张，新约圣经关于末世的论述并非关乎终末的未来，而是在当下的社会实现的，因而提出"已实现末世论"（realised eschatology）一说。此说受到自由派的欢迎，因为它将神国的降临视为社会公义的实践，迎合了自由派的自然主义世界观。亨利在本书中竭力反对这种路线，呼吁福音派"重新宣告"超自然的"救赎信息"（第63页）。

然而，为何美国福音派发展到今天，其主流势力却演变为一种将末世现世化的社会运动？究竟是后来的右翼福音派领袖违背了亨利等创始者的初衷，还是这运动在初期即已埋下将末世现世化的因子？对于当代华人福音派信徒，亨利这部划时代的著作能带给我们哪些重要的教导与提醒，又有哪些地方值得作为我们的前车之鉴？

## 历史背景：基要派与福音派

在回答这问题之前，笔者希望阐明：尽管当代美国福音派的主流势力已经强烈政治化、社会化，这并不意味着所有的福音派人士皆赞同这路线，更不意味着坚持圣经世界观的信徒应当扬弃"福音派"的称谓，以与社会化的宗教右派划清界线。此处有些历史性的专有名词值得我们稍作澄清。

作者在书中以"福音派"自居，而提及"基要派"时则模棱两可；有时似乎"福音派"与"基要派"被当作同义词使用，有时作者却站在"福音派"的立场上批判"基要派"。这或许令读者有些摸不着头脑。此外，有些读者可能知道，亨利经常被称为"新福音派"。华人教会以讹传讹，许多人已将此名词妖魔化，视其为福音派运动当中的新正统（neo-orthodox）派系。的确，美国福音派在20世纪后半叶出现了一些引进新正统神学的领袖，罗杰斯（Jack Rogers）及麦可金（Donald McKim）在其中较为出名。然而，这并非所谓的"新福音派"。

"新福音派"一词是由富勒神学院创校院长奥肯嘉于1947年提出。奥肯嘉原受教于普林斯顿神学院，后来普林斯顿董事会改组，开始接受自由派神学及高等圣经批判，梅钦、范泰尔（Cornelius Van Til）等师资离开普林斯顿，创办了威斯敏斯特神学院，奥肯嘉也成为该校第一批学生。

当时,梅钦、范泰尔、威尔逊(Robert Dick Wilson)等保守改革宗神学家,以及即将退休因而选择留在普林斯顿的魏司坚(Geerhardus Vos,又译"霍志恒"),皆属美国的"基要派"阵营。事实上,奥肯嘉及亨利当时也以基要派自居,而且从未公开脱离基要派。亨利在本书中即称梅钦为"当代基要主义的发言人",并认同梅钦所代表的基要派,指出"梅钦极力主张基督教对世界危机拥有适切的信息,不论是多么棘手的议题"。在大西洋彼岸,后起之秀巴刻年仅三十二岁(比亨利小十三岁、比奥肯嘉小将近二十一岁),甫获牛津大学哲学博士不到三年,于 1958 年出版《基要主义与神的道》(*Fundamentalism and the Word of God*)一书,使历史悠久的英国福音派传统与它在美国的表亲重新合流。亨利、奥肯嘉、巴刻等 20 世纪英语世界福音派领袖皆在某种意义上以"基要派"自居:尽管当时这已经渐渐成为贬抑词,带有"守旧""陈腐"的意味,但他们坚持基要主义信仰的核心,包括圣经作为上帝话语的权威,以及基督作为挽回祭,借由替代受刑满足上帝公义的救赎之工等。

在英国,"福音派"一词又被称为"保守福音派"(conservative evangelicalism),这传统可追溯至 17 世纪的清教徒运动。它于 18 世纪在卫斯理(John Wesley)与怀特菲尔德(George Whitefield)所带领的循道会运动中成形,在历史上一直是英国社会的中坚力量,在法治、两党政治、废止奴隶交易及制度、禁(鸦片)烟运动等重大历史变革中,皆扮演核心角色。之所以被称为"福音派",乃因此教派视基督救赎的福音为世界历史的核心。

"福音派"一词在美国教会史上则较为复杂。一方面,美国承袭了英国福音派的传统,早期代表人物有神学家及属灵奋兴领袖爱德华兹(Jonathan Edwards),他传承了英国清教徒的信仰,也与当时盛行的英伦经验主义哲学进行精彩的对话。后来英国福音派许多重要的领袖也都到过美国，影响甚钜。另一方面，美国有许多欧陆移民，因此美国基督教也承袭了许多欧陆的传统，单是改革宗就融合了英伦（英格兰及苏格兰）及荷兰两大宗。在欧陆，"福音派"与"更正教"（Protestant，大陆学术界通常译为"新教"）是同义词，特指以马丁·路德为首的宗教改革神学所强调的"福音"，与"律法"相对，其核心为"因信称义"。在欧陆基督教影响下，"福音派"一词在美国的定义也渐渐模糊。

到了 19 世纪末 20 世纪初，德国的自由派（又称"新更正教"——neo-Protestant）神学以及高等圣经批判学在美国神学界开始打入主流，美国的自由派神学家也跟着德国的语境自称为"福音派"。于是，"福音派"一词不再能够区分承袭自英国的保守福音信仰以及源于德国的自由派信仰。在此情境下，双方开始以"基要派"与"自由派"相互区分。美国 20 世纪初的基要派融合了英伦及欧陆的保守信仰，以及美国本土的保守基督教文化思想传统，例如慕迪（Dwight Moody）的布道法等。亨利是第二代德国移民（他的家族姓氏原为 Heinrich），父母虽然分别是信义会及天主教的受洗成员，但在家中从来不谈信仰。他到二十岁（1933 年）才第一次听过完整的福音，并决志信主，他的信仰传承自典型的美国基要派，而非欧陆传统。

相较于英国福音派"入世"的传统，美国的保守基督教从一开始就有一种逃避主义的因子。第一批来到北美新大陆的英国基督徒，乃是乘着五月花号的"朝圣者"（pilgrims），他们盼望逃离英国的政治社会处境，追求纯粹的信仰。在 17 世纪下半叶，大批不从国教的（non-Conformist）清教徒离开英国。不同于留在英国国教继续进行体制内改革的圣公会领袖，以及脱离国教成立非法家庭教会的不从国教清教徒，这些逃到美国的清教徒认为他们在英国已然无法实现他们对教会及社会的理想。因此，美国的基督教从一开始就有一种强烈的因子，使得他们在敌对的文化环境中倾向于选择撤退。当哈佛学院的信仰变质时，他们就成立耶鲁、新泽西学院（后成为普林斯顿大学）。普林斯顿大学原是美国改革宗的学术重镇，以神学院为核心，但大学的文化在 18 世纪渐渐世俗化，于是普林斯顿神学院于1812 年脱离大学，成为独立的神学院。普林斯顿神学院开始受到自由派神学的影响时，基要派教授选择了退出，于 1929 年另成立威斯敏斯特神学院。这整段历史再再显示，美国基要派有强烈的逃避主义因子，为了持守纯正信仰而逃避世界，缺乏英国福音派的入世精神。

然而，威斯敏斯特神学院的创校教授在当时已意识到，如此不断地逃避，终将退无可退。再者，该校的护教学有强烈的入世倾向，特别是范泰尔承袭自荷兰新加尔文主义（neo-Calvinism）的"世界观"思想，以及梅钦那种近乎好战的态度。威斯敏斯特创校成员退出普林斯顿，在这个意义上可谓以退为进，也成为奥肯嘉、亨利这一代福音派神学家的学术后盾。奥肯嘉作为梅钦及范泰尔的亲传弟子，正是以威斯敏斯特所教导的世界观信仰为基础，创办了富勒及戈登康维尔（Gordon-Conwell）两大美国福音派神学院。亨利的护教学思想则深受克拉克（Gordon Clark）影响，在当时，克拉克与范泰尔是保守改革宗前设论护教学（presuppositionalist apologetics）的两大代表，后来虽因见解不同而决裂，造成各自传人之间的不睦，但亨利对威斯敏斯特神学院所代表的基要主义仍十分推崇。简言之，20 世纪的美国福音派运动，正是延续了威斯敏斯特神学院以及相关人士所代表的改革宗基要主义。

　　然而，在当时的基要派阵营中，除却上述改革宗人士，绝大多数的领袖与成员仍旧诉诸典型的美国保守基督教的避世主义，试图借此在日益世俗化的社会中持守纯正的信仰。这正是为什么亨利一方面以基要主义作为自我的认同，另一方面却严厉批评基要派。对于亨利、奥肯嘉等初代福音派领袖而言，福音派是出自基要派并属乎基要派的，他们的目的在于修正而非脱离基要派。正如作者在序言中所述，本书的目的是为基要派"动手术"。

　　为了强调他们在基要派内部所欲达到的目标，这群青年领袖开始重新自称为"福音派"，强调他们在神学、信仰、社会参与等层面上，与历史上的英美福音派之间的一致性与连贯性。与此同时，他们所推动的社会运动在外在组织的层面上又是创新的。亨利在此运动中扮演了关键的角色，他协助福音派布道家葛培理（Billy Graham）创办了《今日基督教》杂志，并担任第一任主编；他也协助奥肯嘉创办了富勒神学院。他还是福音派神学最重要的学术组织"福音派神学学会"（Evangelical Theological Society）创办人之一。这些事工的建立都是有组织、有计划的。富勒、戈登康威尔，以及后来的加拿大维真学院等福音派神学院，都是这一波运动的果实。这些福音派超宗派学府与较早成立的三一福音派神学院（Trinity Evangelical Divinity School）、美南浸信会神学院（Southern Baptist Theological Seminary）、威斯敏斯特神学院等宗派学院，构成实力极强的大后方，为前线教会提供了坚实的后盾与雄厚的资源。这些学府训练出来的牧者，在讲台上呼吁社会参与的重要性，而《今日基督教》则成为将福音派神学普及化的重要管道，塑造平信徒的神学素养及圣经世界观。

　　此外，高举圣经的权威，是福音派运动一直到 20 世纪下半叶的核心信念，亨利与大批福音派人士在 1978 年签署了《芝加哥圣经无误宣言》,此宣言曾一度减缓了新正统派、自由派、后自由神学(postliberal theology)、已实现末世论与它所启发的保罗新观(New Perspective on Paul)等学说在福音派内部的影响。亨利更于1983年发表了其巨著《神、启示、权威》。在神学上对圣经权威的强调,也借由释经讲道运动而落实、普及于众福音派教会。这运动起源于英国,以钟马田(Martyn Lloyd-Jones)及斯托得为代表,在美国则在鲁宾逊(Haddon Robinson)等福音派学者手中成为讲道学的显学。

总而言之,这整个庞大的组织与计划,无疑是历史性的福音派发展至20世纪时在美国兴起的新一波社会性运动。亨利于1947年出版本书,奥肯嘉则于同年以"新福音派"之名,正式为这已然开展的运动命名。此处的"新"是指这组织性的社会运动,而不是指这运动在信仰及神学上的实质。然而,当时许多基要派人士为新福音派感到担忧,这些担忧也并非毫无根据。一些极端保守的基要派开始在这"新"字上做文章,指控新福音派运动偏离了古老的正统福音信仰。这"新"字所带来的误解与分歧,是奥肯嘉始料未及的。美国福音派从未正式宣布删除"新"字,正如"新福音派"从来就不是一个具有法律效力的注册商标,但福音派人士很自然地渐渐不再使用"新"字来描述他们的运动。我们只需知道,所谓"新福音派"跟我们今天所熟悉的"美国福音派",其实全然是同义词。

如稍早所述,福音派运动发展至今已经严重地社会化,甚至世俗化。在神学方面,福音派也很难再以"圣经无误""替代受刑救赎论"等教义来界定。这段历史在此难以详述。我们需要明白的是,虽然当代福音派在许多方面背离了亨利等20世纪美国福音派运动创始人的初衷,但福音之为福音的本质——"神的大能"(罗1:16)——未曾改变。这意味"福音派"一词在今天仍是有意义的:它是忠于福音真理、实践福音真理者的称谓。当这个词的含意在当代处境下渐渐模糊的时候，仍旧坚持福音真理的福音派人士不应该扬弃它，而是应当对那些淡忘基督救赎之工的福音派人士重申"福音"一词的真义。与此同时，正如当年亨利以基要派的身份替基要主义"动手术"，今天那些坚信、实践救赎之福音的福音派，也需要为福音派"动手术"。笔者认为，这手术的其中一个步骤，就是审视当年创立福音派运动的领袖，有哪些论述违背了他们的核心原则，导致福音派渐渐成为一个将末世予以现世化的社会运动。这当然是个庞大的工程，不是本文能够做到的。我们在此只能专注于亨利的这部著作，但有鉴于本书在福音派运动的历史上有举足轻重的地位，相信本文能够抛砖引玉，在长期深受美国福音派影响的华人福音派读者中间激荡出一些反思与讨论。

## 福音派公共神学的指导原则：两个国度

在今天的改革宗圈子当中，"两国论"（Two-Kingdom Theory）一词似乎成了某种特定立场的代号，近年来持此立场的热门人物包括加州威斯敏斯特神学院的范大卫（David VanDrunen）教授等。反对此立场的改革宗人士有时会因而拒绝使用"两个国度"的修辞，认为这太靠近路德宗的观点，而较为热衷的支持者有时会把强调"文化使命"（cultural mandate）的改革宗人士一并称为"神治论者"。我们在此无需细究这场论战的内容，只需强调"两个国度"的原则在亨利的论述当中，乃是福音派公共神学的重要指导原则，尽管这并不一定是范大卫所提倡的两国论。

传统上，神学家会区分"上帝之国"与"地上之国"，作者也提到了奥古斯丁著名的《上帝之城》中"世俗之城"及"永恒之城"的区分。然而，单是如此区分"两个国度"是不够的，因为上帝之国同时具有多个辩证的双重向度：既属永恒亦属历史；既属现时亦属未来；亦有形亦无形；现在是争战中的教会（Church Militant），将来是得胜的教会（Church Triumphant）；既特殊（她仅限于神拣选要救赎的每个个别对象）亦普世（神要救赎更新每个受造的领域，而不只是教会）；既不属世却又入世（*in but not of* the world）。在教会历史上，许多伟大的神学家都对这多个双重向度进行过丰富而精彩的讨论。

在亨利的时代，西方世界的神学家对于末世论特别关注，德国的莫尔特曼（Jürgen Moltmann）、稍早提到的威尔士神学家陶德，都提出了创新的末世理论。基要派（包括福音派）的圈子内，主要有前千禧年论、后千禧年论、时代论，而当时多数的改革宗则采非千禧年论（amillenialism，一般译为"无千禧年论"，这是错误的翻译，因为这理论的支持者相信有千禧年，只是他们对于新约圣经的末世文学抱持一种敬畏的态度，不敢强解，因此无法断定基督何时再来，只强调主"必快来"）。那个时代对于末世的关注，与历史背景有密切关系。两次世界大战以及其后的冷战，将全世界笼罩在大规模毁灭性武器的阴影底下，令世人感觉世界末日已然临近。存在主义在社会文化的层面上大行其道，嬉皮运动、性解放运动于 20 世纪后半叶在一定程度上瓦解了美国传统的道德观念及家庭、社会结构，而这更使保守基督徒感到主再来的日子近了。这些因素使得末世论成为当时福音派神学所关注的焦点。

在这样的时代背景下，亨利探讨"两个国度"时，很自然地就专注于救赎的末世向度。他指出，"耶稣关于国度的教导，区分了已然国度和未然国度"，亦可称"此时国度"和"彼时国度"（第 46 页）。这并非"上帝之国"与"地上之国"的区别，而是"上帝之国"的辩证双重向度之一。当时的自由派神学对于一切超自然主义的课题存而不论，对于基督真实再临的预言持不可知而不论的态度，因此对"彼时国度"没有任何兴趣与盼望。他们热衷于各种社会运动、社会福音，认为借由在地上伸张正义，即可在现下实现上帝的国度。基要派则强调"上帝国度的独特之处正在于超自然的救赎……正因为如此，基要派极力抵制自由派最有特色的现时国度论"（第 45 页）。

作者当然认同基要派的立场，但他也指出，当时许多基要派人士为了抵制自由派的社会福音，矫枉过正，忽略了超自然救赎的社会向度。他强调，上帝国度同时具有现世性与末世性，而"圣经学者的任务是要发现（1）在什么意义上它已经存在于地上；（2）在什么意义上它要在基督再来之前实现，以及（3）在什么意义上它要在基督再临时得到完全实现"（第 48 页）。

在此，作者首先强调，"耶稣显然没有宣告他会带来一个地上的政治国度。他不仅无意如此，还坚决弃绝这种观念"（第 48 页）。如此，"希律王下台，凯撒被推翻，都不是上帝国度即将来临的先决条件。国度指的是每个人与他们的救赎之王耶稣基督的灵性关系，它的存在无需等待推翻或建立任何形式的地上政府"（第 49 页）。换言之，教会——神在地上的国度——可以与任何的政治体制共存，也没有任何的政治或经济体制可被视为上帝国度在地上的彰显或实践。上帝国度乃关乎超自然的救赎，而正如本书所指出的，"一个有救赎的极权主义远比一个无救赎的民主社会更可取，一个有救赎的共产主义远比一个无救赎的资本主义更有益"（第 63 页）。上帝无形国度的荣耀可以在巴比伦彰显，却在以色列被隐藏。因此，基督徒不应该为了上帝国度的缘故去推翻或建立任何地上政权。不论罗马或耶路撒冷,民主或集权的社会,都可以成为救赎福音之国度彰显的平台。简言之,"在彼时国度中,一切行动都要以救赎为中心",因此"在此时国度中,耶稣的福音没有以政治力量的铁蹄对付那些反对他的人"(第49页)。

对于当时的基要派而言,以上的论述没有任何不妥。然而,许多基要派人士强调"以救赎为中心"的彼时国度时,忽略了此时国度的社会向度。作者列举了许多新约经文说明这点,在此无需重复。值得注意的是,作者在此批评的并非基要主义本身,而是偏离基要主义原则的基要派人士所体现的矛盾。

亨利作为一位划时代的神学思想领袖,诚然有其过人之处。他注意到,当时主流的论述,倾向于单以末世论的"此时""彼时"之分来理解神国的降临,但这是远远不够的。"已然""未然"的末世论,属乎更大的救赎计划,而"救赎"也只是这计划的环节之一。尽管他没有清晰地道出"创造-堕落-救赎"这基督教世界观的基本架构,但这概念已经呼之欲出了。

此外,他虽然没有采取非千禧年论的立场,但他的确已经注意到,前千禧年、后千禧年、时代论所辩论的许多议题,事实上是无谓的争论。后三种立场都无法清楚说明上帝此时之国度的社会向度。他只说自己持"广义的前千禧年主义",但他显然对这些末世理论所辩论的内容没有太大兴趣。当代学者注意到,禧年论的立场,其实对于政治神学、公共神学没有直接或必然的影响。过去人们认为后千禧年论者必然关心地上的社会公义,而前千禧年论者则对地上国度持悲观态度,这是错误的理解。关于这点,我的好友沃尔芙(Judith Wolfe)教授已在我们与多位同行共同撰写的《19世纪基督教思想牛津手册》的一篇文章中充分说明,在此不赘。[1] 亨利的洞悉能力的确不凡,他在七十多年前就已经注意到这点,也因此提醒:福音派的公共神学不能够仅仅被末世论主导,而应该诉诸更大的基督教世界观的框架。

针对那些过度强调彼时国度而忽略基督教世界观的基要派人士,作者指出他们其实违背了基要主义的整全信仰,即创造-堕落-救赎的历史观:

> 基要主义坚信宇宙是有目的的、有道德的,反对一个纯粹的数学般精确的宇宙;它坚信一个有位格的上帝,反对非位格的终极实存,无论是时空,还是各种生命冲动;它坚信上帝的创造,反对自然主义的进化论;它坚信人的独特性是上帝所赋予的,而非由于人类的进步;它坚信人的困境不是由于动物的遗传,也不是人性的必然,而主要是因为他违背上帝;它坚信救恩只能来自上帝,反对人可以自救;它坚信圣经是启示,告诉人们上帝在耶稣基督里作为人的救赎主道成肉身,反对把圣经看作只是一本记载宗教经验的书,与众多的宗教书籍毫无分别;它坚信历史与人接受或拒绝神-人息息相关,而不只是发生在各国中的历史;它坚信未来如何并不是一个开放性的问题,世界正走向人类未来审判的最终结局。(第 54-55 页)

作者紧接着由此总结:“我们从这个整全的观点来看待基要主义,就会明白若把基要主义仅仅等同于末世论,便大大扭曲了基要主义。”(第 55 页)基要主义阵营内的福音派运动,旨在对这种在教义上狭隘、在行动上避世的普遍倾向提出修正,先在基督教内部“引发一场 20 世纪的宗教改革"(第 56 页),进而带来社会文化的变革。如是,面对当时教会内部及世俗社会的双重挑战,"福音派的解决方案"就是在公众领域表述整全的基要主义世界观信仰:"基要主义在主要的教义如上帝论、创造论、人论、救赎论以及末世论上都取得了共识,这些伟大教义的中心指向永活的救赎主基督,这也是早期教会向当时的腐朽文化所宣讲的信息。"(同上)

本书最后三章,皆在探讨落实此"解决方案"的具体计划,这充分体现出福音派运动虽然有其神学基础,但它并非神学性的运动,而是组织性地将神学落实于时代处境的社会运动。作者首先提出学术与教育领域中的策略:"福音派在这样的环境下,必须争取两个学术方面的伟大转变。首先,必须在每个研究领域中撰写有分量的作品,包括从小学到大学的每一个阶段。这些作品应在每个主题上展现基督徒和非基督徒各自观点的丰富内涵……第二,虽然现在国家把持着教育机构,但福音派不能因此而舍弃福音职责——向大众宣扬基督教的世界观和人生观。"(第 61 页)说穿了,其实过去几十年间,美国福音派在这方面的策略不外乎"渗透"世俗教育机构及学术界,以及创办基督教大学、中小学、神学院、研究机构等。

当然,教育机构既然把持在政府手中,那么"福音派绝不能主动撤离未来的政治舞台"(第 63 页)。参与政治并非单单为了教育,福音派更应借由政治上的影响力"与侵略性战争、政治自然主义、种族不宽容、私酒买卖、劳工管理中的不平等以及一切其他弊端作斗争"(第 67 页)。福音派运动作为一种社会运动,是以改革为导向的:"基督教不应反对任何社会所需要的改革,而应站在改革的前沿,并且从历史中吸取教训,在救赎的基础上推进其行动。改革若建立在其他基础之上,都会由于其内在的缺陷而难以为继。"(第 66 页)此外,"福音派应该善加利用民主议事程序的每一个阶段"（第 68 页）。这策略显然非常成功，福音派到了 20 世纪末，已成为美国民主政治最主要的选举票仓之一，小布什总统任内甚至创办了"以信仰为基础的倡议"（faith-based agenda），让福音派领袖的意见直接影响国家政策。

当然，在讨论这些社运策略的时候，作者一再提醒，"在踊跃投身战斗的同时"，福音派"应当指出在基督里的救赎才是唯一令人满意的解决方案"，因为"这才是真正的福音派方法论"（第 67 页）。在自由派以及世俗主义的社会运动当中，"被抽掉的正是救赎元素。福音派今后的任务将是重新宣告救赎信息"（第 63 页）。在本书最后一个段落中，作者总结道："福音派的首要任务是宣讲福音，关心在超自然恩典下的个人重生，正因为如此，上帝的救赎可以看作是对个人或社会问题的最好解决方案。它透过圣灵的重生工作，在历史中塑造了不受国家和世界限制的合神心意的群体。"（第 73 页）换言之，在探讨上帝国度的现世社会向度时，作者不断强调，这并非地上的政治国度，而是按照上帝救赎计划降临中的国度。

## 福音派的超宗派主义与社运导向

在此我们需要提出一个问题：亨利这部著作的确奠定了福音派公共神学的基本路线，而他既然如此强调两个国度的区别，为什么福音派运动发展至今却如此严重地社会化、政治化了呢？今天面对堕胎、同性婚姻等议题时，为何许多福音派领袖选择诉诸政党政治、经济杯葛等手段来达到他们心目中的神国正义？究竟福音派运动的社会化，是由于它偏离了亨利等初代领袖的计划，又或者其实是这计划自身所导致的呢？

这当然是个复杂的问题,很可能两者在不同程度上都是今日局面的导因。但至少我们可以说,亨利这部影响深远的巨著,并没有立下足够坚固的神学原则,以预防日后福音派运动的社会化。笔者甚至认为,这部著作以及福音派运动在神学上有些较为严重的缺陷,导致当代福音派的窘境。

如稍早所述,福音派运动主要的导向是社会性的,它关注的并非神学本身,而是如何将所谓基要派的神学落实于公共领域。为了达到这目的,福音派运动在神学上无法采取任何一套单一的宗派传统,而需要以超宗派的形式取得最大公约数。作者在书中提及他的"改革宗朋友"如何强调"普遍恩典","信奉无千禧年的朋友"及"信奉前千禧年的朋友"又如何各抒己见,而"另有一些人则认为,最基本的需要是共同商讨和确定福音派的重要教义,它们能够在危机时刻对现代思想起到拨乱反正的作用"(第55-56页)。作者同意最后的观点,认为"在重大教义问题上达成一致"乃"福音主义的优势"。福音派人士只要在"主要的教义……上都取得了共识",就可对"腐朽文化……宣讲"救赎的信息(第56页)。

这种超宗派主义的确对于达到福音派运动的社会性宗旨十分有效:它使得"福音派阵营中人数庞大,团结广泛",在当时甚至今日的美国"没有哪一种意识形态可以与之相比"(同上)。换言之,超宗派主义能够使福音派运动靠着人多势众而达到其社会目的。但这也意味着社会性的运动无法拥有一套足具深度的严谨体系及方法论的神学基础。

如上所述,为了达到各宗派在教义上的最大公约数,改革宗关于普遍恩典的论述、各派禧年论丰富而深刻的内容,皆无法成为"福音派神学"的基本立场,而只能是个别福音派人士与宗派所持的意见。

福音派超宗派主义所带来的结果之一，乃是神学传统的流失，这是当代一些福音派教理学家已经开始警惕的现象。

有深度的神学必定是在漫长的历史中积累、沉淀出来的，这体现出传统的重要性。宗教改革呼吁"惟独圣经"的同时，从来就没有主张丢弃传统。以加尔文为例，他在《基督教要义》、解经著作、神学辩论著作中，不但大量引用奥古斯丁、克里索斯托（John Chrysostom），以及其他的"圣教父"，甚至时常正面地引用中世纪经院哲学家的一些论述。圣经说神设立教会为真理的柱石与根基（提前 3：15），而基督教神学作为对神圣真理的阐述，必定是属乎教会的学科。神学是历代大公教会对于所领受的启示真理的诠释与表述，若非站在这两千年巨人的肩膀上，受教会正统的规范，个人独自对圣经的领受不可能会有深度，甚至不可能不出严重的错误。

然而，单是"大公教会"的传承仍太过宽泛，因为神学思想的传承必定是在宗派及流派的认信规范中才可能累积出伟大而有深度的传统。不论改革宗、路德宗、卫理宗、圣公会，都在历史上积淀出丰富的智慧。这些宗派都有各自的神学方法，譬如改革宗的"信仰类比"（analogia fidei）或"以经解经"、路德宗的"十架神学"（theologia crucis）、卫理宗的"四大支柱"（Wesleyan quadrilateral）、圣公会的"中庸之道"（via media）等，而这些方法也各自反映出这些宗派在教义神学上的特点。再者，每个宗派都有一些独特的教义，譬如亨利在书中提到改革宗特有的"普遍恩典"一说。当然，路德宗也可以接受"特殊启示"与"普遍启示"的区分，但如果要深究，改革宗的许多观点（譬如律法的功用）乃是路德宗无法接受的。因此，路德宗始终不可能发展出改革宗那些伟大的护教学传统（复数），或者新加尔文主义所阐述的"文化使命"。同理，路德宗在历史上建构了具有深刻辩证特色的十架神学传统，但这对于改革宗而言却非常困难，因为 17 世纪改革宗经院主义采纳了亚里士多德的逻辑学，而这在成为改革宗正统（Reformed orthodoxy）的基本方法后，这个传统就无法像路德宗那样大胆地使用佯谬的修辞与逻辑了。

福音派超宗派主义的好处是，它结合了这许多宗派的传统与强项，这能使福音派神学成为一个博大精深的庞大流派。可惜的是，由于这超宗派主义从一开始就是为福音派运动的社会影响力服务的，因此过去几十年间，福音派往往为了宗派间的团结，在超宗派神学院当中对于不同宗派传统间的分歧存而不论，这也导致各个传统的强项以及丰厚的内容在福音派的超宗派神学教育当中被排除了。这些超宗派神学院的系统神学及历史神学课程，只能走马观花地介绍各个宗派的论述，学生无法在任何一个特定传统内深入地吸收它的精华，更无法学到任何一套严谨的神学体系。

这又造成另一个令人担忧的结果：失去传统与系统的超宗派福音主义神学，既然无法在宗派传统的框架之中，站在巨人的肩膀上进行解经的工作，那么宗教改革的"惟独圣经"就被扭曲为一种忽视历代教会信仰的个人主义。许多福音派学者认为，只要拥有正确的释经学方法，就可以靠自己的解经来建构一套合乎圣经的信仰与神学体系。但事实上，现代圣经研究是一种文学批判及历史批判（"批判"一词在此并无负面含意，而是指具有严谨求知方法的研究）的学术领域。这诚然是一门重要而艰深的综合性学科，它所提供的资料对于神学而言是不可或缺的。然而，圣经研究的成果乃是神学的素材，它本身并不是"神学"。圣经研究者可以是很好的文学读者、历史学者、语言学者等，但如果没有受过严谨的教义史及系统神学训练，那么严格说来，他们并不能被称为神学家。他们当然是广泛意义上的神学人——每个基督徒都是神学人——但神学研究并不是他们的专业领域。当"圣经研究"（biblical scholarship）以"圣经神学"（biblical theology）自居时，问题就变得非常复杂，因为绝大多数的圣经学者是没有受过严谨神学训练的。

笔者读神学院时，曾询问一位改革宗旧约研究泰斗关于"圣子永恒受生"（eternal generation of the Son）的旧约根据，而这位教授居然完全听不懂这专有名词。经我解释后，这位教授说："我对教父学没有兴趣，他们的论述如同一潭泥沼。圣经神学不是僵化的教理学（frozen dogmatics），对于这类问题不感兴趣。"

问题是，许多像他一样对神学一知半解的圣经学者，却以神学家自居。他们用自己的解经来建构他们的神学，却不知从系统神学的角度观之，他们的神学论述充满矛盾与漏洞；从历史神学的观点看来，他们大多数的神学论点早就被提出，也在历史长河中得到过修正、否定、补充（他们的创见主要在于圣经文本及历史的研究，但在神学上几乎提不出任何有贡献的见解）。这些论点若不是在历史上已被证明站不住脚，就是在历史上已经积累了丰富的阐述，不需要他们再提。当然，圣经研究者所提供的素材，能够使神学更加丰富，但诚如我读神学院时的旧约授业恩师隆格（V. Philips Long）教授常在课堂上提醒的："新旧约研究的职责是让传统的神学教义拥有更丰富的内容，但不是要作神学上的创新或变革。"然而，许多福音派圣经学者没有意识到自己在专业上的局限。

近几十年，福音派甚至出现一个倾向，就是许多圣经学者以为他们不需要受教义学及历史神学的训练，就可以撰写系统神学著作。当代福音派最出名的几部系统神学著作之一，作者其实是新约研究的博士。这位学者近年卷入了一个非常严重的争议：他和其他几位福音派学者公开主张某种三一论的"次子论"(subordinationism),以此支持他们对于"弟兄作头"(male headship)以及女性对男性的"顺服"的观点。一些有宗派背景的神学院(譬如威斯敏斯特)以及福音派神学家(譬如某位知名阿米念派历史神学家),纷纷指出了一个事实:这几位次子论提倡者所提出的这种在初代教会已被定为异端的理论,唯一的基础就是他们的解经,而他们的解经完全没有受到教会正统的规范,也几乎没有处理初代教会谴责这立场时所提出的解经论据,以及传统神学在这议题上的辩论。

在这里,我们会发现福音派运动一个非常典型的现象:这运动是以社会影响为导向的,而这使得许多福音派神学家的解经被种种社会性的目的所主导。这群主张次子论的学者,关心的其实不是三一论的课题,而是如何用三一论来确立他们关于性别在社会关系中的论述。

福音派超宗派主义所导致的另一个问题是,"福音派"这概念愈来愈难以用信仰及教义来界定。在亨利的时代,或许还能用一套关于上帝论、救恩论的基本教义来界定福音主义;到了 1980 年代,"圣经无误"或许还勉强能够拿来当作福音派与自由派的分水岭,尽管当时富勒神学院内部已经开始形成某种否定圣经无误的学派;到了1990 年代,似乎"替代受刑说"的救赎论已成为界定福音派的唯一教义了,虽然当时已有不少福音派神学家主张以"除罪祭"(expiation)取代"挽回祭",或者提倡某种凯旋基督论(Christus Victor)的救赎观点。到了今日,就连传统宗教改革对称义的理解,都可以被许多福音派人士否定。有几位知名福音派系统神学家主张东正教对"圣灵发出"的理解,反对"和子论"(filioque);甚至有福音派改革宗人士认为东正教关于"神化"(theosis)的概念应当被纳入改革宗的体系(1990

年代，芬兰学派的路德研究者提出类似理论时，路德宗福音派是完全不接受的）。保罗新观、巴特神学、后自由派神学、高等圣经批判等，对于许多当代福音派人士而言也都在可以接受的范围之内。笔者在此并无意肯定或否定这些神学流派，其实它们都在许多层面上能够启发我们，都是值得阅读、学习的。我们在这里要强调的是，"福音派"在今日已经很难由神学与教义来界定了。

对于不少当代福音派（特别是热衷于社运及政治的右翼）人士而言，只要一个神学家或教会领袖能够有效地用任何一套神学理论来反对堕胎、同性婚姻合法化，就能被接纳为福音派。似乎同性婚姻及堕胎等社会议题，在今日的福音派圈子中比起三一论、基督论、救赎论、启示论还更具标志意义。2017 年一次事件充分印证了这点。福音派灵修神学大师毕德生（Eugene Peterson）在该年 7 月一次访谈中，称自己愿意为同性伴侣证婚，引起轩然大波。在福音派内部一阵鞑伐声中，他很快就收回了这番言论，说自己年事已高，受访时的应对出了问题。

这事件耐人寻味之处在于，毕德生的神学立场其实与保守福音派有很大的分歧，这些保守人士也时不时会在神学上批评他的一些著作，但从来没有如此大阵仗地讨伐他。毕德生反对保守福音派"命题启示"的观点，而他的启示论大体上与新正统派是一致的。亨利等早期福音派领袖十分强调圣经启示的"命题"特性，但毕德生主张圣经在本质上并非命题启示，而是叙事性的见证，并强调读者在叙事中与神相遇时，圣经文本方变为启示。在神学上，他经常引述巴特来支持关于启示的这种观点。这观点与亨利在《神、启示、权威》一书中所表述的立场大相径庭，《芝加哥圣经无误宣言》第三条更直接否定了这种启示观："我们否认圣经仅是对启示的见证，或只在相遇中成为启示,并否认圣经启示的功效取决于读者的回应。"(笔者译)然而,就连在 1980 年代签署此宣言的福音派神学家,都没有因毕德生的立场而挑战他在福音派中的地位。几位最具声望的签署者来自笔者母校维真学院,而他们当时完全接纳毕德生为他们的同事。但是当毕德生在同性婚姻议题上口头表达了与保守福音派不同的观点时,保守福音派人士却以如此大的规模严厉抨击他,若非他立即认错,大概很快就被福音派扫地出门了。

这让我们看到,福音派运动的社会向度已渐渐凌驾于神学与信仰之上,而这导因其实在亨利的年代就已埋下:福音派运动从亨利、奥肯嘉、葛培理那个年代开始,就已经以超宗派神学为工具,达到社会影响力的目的。他们的原意并非要否定神学的重要性,但他们认为基要派的神学已经足够丰厚,福音派运动不需要再热衷于神学本身,而是应该思考如何将神学带入公众领域。他们没想到的是,当福音派的超宗派主义神学以社会影响为导向及目的时,神学的实质在此运动中已变得愈来愈薄弱而不知所云。许多当代福音派神学家开始发现,巴特主义、后自由派、保罗新观等阵营所辩论的神学议题,已远远超过绝大多数福音派神学家所能应付的了。或许这也是为什么有些福音派神学家试着引进这些思想,以增强福音派神学的内涵。

## 缺乏神学反思的社运策略

如稍早所述,本书最后三章所探讨的主要内容并非公共神学,而是行动主义的社运策略。第一、二章则是作者对基要主义在当时的时代文化中的处境的分析与评估。如此,本书真正侧重于神学的部分,只有第三、四、五章。这三章所论述的公共神学内容,几乎都是福音派所有宗派与传统皆能同意的最大公约数，亦即某种非常笼统的"两国论"。这套公共神学，对于教会及基督徒公民的社会参与，远不足以提供充分的反思与具体指导原则。

在此薄弱的神学基础上，作者以近乎跳跃式的论证，直接在最后三章提出十分具体的行动策略，而这套社运蓝图的诸般细节，几乎没有任何神学基础。作者只能反复强调，宣告救赎的福音才是福音派的首要任务。问题是，作者几乎没有用他所提出那套已然十分笼统的两国论来反思他所提议的社运方案。例如，在神学上，作者会说，"在此时国度中，耶稣的福音没有以政治力量的铁蹄对付那些反对他的人。"如此，作者否定了教会诉诸武力的选项。但福音派运动是否赞同个别基督徒公民参与革命型态的社运？福音派运动在组织上究竟是属于教会的，还是由基督徒公民组成的，而这两者的关系又该如何理解？再者，作者清楚表明福音派应当积极参与改革型态的社运，但武力革命、非暴力抗争、公民抗命、政治改革、两党政治等，皆是政治手段。作者究竟以什么标准断定哪些政治手段有违神国的伦理、哪些政治手段适合用以宣告救赎福音的社会向度？对于这些问题，作者似乎没有提出任何深入的论述。

作者呼吁福音派站在改革前沿时，除了不断提醒"基督里的救赎才是对社会问题唯一令人满意的解决方案之外，没有对各种社运模式进行神学上的评估。他明文排除了革命运动、乌托邦运动，暗示当福音派是多数派时应采取改革运动，而当福音派是少数派时，要以"抗争原则"进行反动运动。对于改革运动、反动运动的政治手段，作者没有提供任何具体的神学原则。

当代福音派推动了许多反动运动，例如"反同婚""捍卫生命"(Pro-Life)的反堕胎运动等。特朗普、小布什执政期间，福音派政治领袖也会较积极地推动政策上的改革。不论如何,我们会发现,这些福音派右翼所主导的社运,极少在神学上反思自己所采取的改革或反动手段,往往只求最有效地达到他们的政治目的。当然,福音派仍有许多守望者,例如当年星巴克咖啡公开支持同性婚姻时,右翼领袖呼吁信徒拒买该企业产品,以经济杯葛的手段迫使星巴克改变立场,而许多德高望重的福音派牧者则对这种手段提出质疑。最后,就连巴顿(David Barton)等较为激进反对同婚的福音派领袖,也不过呼吁基督徒"不要让星巴克拿基督徒的钱来攻击神所设立的婚姻",而放弃了杯葛的手段。但这已足够反映出福音派运动在初始的年代,并没有对改革运动与反动运动进行过足够深刻的神学反思,这在本书最后三章中可见一斑。

这几章当中的社运蓝图更深层的缺憾是,作者呼吁福音派在公众领域中宣告救赎的福音(笔者非常同意这一点),却没有厘清公众领域及教会之间的区别。本书中那套笼统的两国论,并没有能力处理这问题,但各个历史性的宗派与传统却能提出深刻而丰富的论述。作者为了福音派运动的内部团结,刻意回避这些论述(譬如改革宗的普遍恩典论),十分可惜。

简言之,作者并未处理一个问题:福音派在公众领域宣告救赎福音时,跟在教会当中的宣告是否应当完全一致? 或者应当采取一套不同的语言、表达方式,在内容上侧重救赎福音的不同向度,并遵循一套不同的领域规范? 作者的论述似乎默认了当时福音派的普遍做法,亦即将教会所宣告的救赎福音直接搬到各个公共领域当中宣讲,并在这些领域中塑造一种社会学家所谓的"可信结构"(plausibility structure),使得听到福音而不信的人会在这社会结构中感到莫名的不安。

最明显的例子，就是葛培理布道会。不同于爱德华兹时代的奋兴布道，葛培理把福音的信息带到教会的围墙之外，如摇滚明星般在巨型体育场当中举办声势浩大的布道会。不少当代福音派领袖已对这种方法提出质疑。已故福音派灵修学大师暨哲学家魏乐德（Dallas Willard）在《大抗命》（*The Great Omission*）一书中一针见血地指出，福音派这种布道形式已偏离了大使命的核心——使人作基督的门徒。"作门徒"即意味着"传福音"乃是"要去"：不论是耶稣复活前吩咐门徒往"以色列家迷失的羊那里去"（太 10：5 - 6），或者复活后命令他们往"万民"那里去，他所赐的布道使命皆非"请君入瓮"，而是"进入虎穴"。

当然，没有任何尊重圣经权威的基督徒应该反对布道会：《使徒行传》记载了许多"布道会"。圣灵在地上建立教会，即始于五旬节的布道（参徒 2）。此后，路加笔下更不乏使徒开"布道会"的记载。然而，新约圣经所记载的布道与 19 世纪以降的奋兴布道、福音特会截然不同。对外邦人布道时，使徒经常使用当时希腊哲人的模式，在公众场合与人辩论真理（参徒 17）。对犹太人传福音时，使徒通常会进入犹太人的会堂；司提反更因在会堂布道而被带到公会受审，至终在公会布道后殉道（参徒 7）。五旬节"布道会"的场合，更是犹太教徒民族情绪高涨的节期聚会，丝毫没有基督教的氛围（参徒 2）。

我们不难发现，使徒的"布道会"跟福音派的巨型福音布道会有一显著差异：使徒不会利用排场、气势来营造布道会的气氛，将未信主的朋友带入这种外在的"可信结构"。从亨利那时代开始，许多福音派领袖认为，我们不但需要将未得之羊带入布道会的氛围及语言游戏，更要在政治、文化等社会领域中建立基督教的可信结构。这并非使徒的布道法。这种布道法与独裁政府或膜拜团体（cults）的洗脑手段同出一辙,不似圣灵的重生之工。在福音派运动早期,已有少数领袖以此反对这种布道法,譬如我的恩师巴刻教授在《传福音与神的主权》及《清教徒的布道观》当中,皆解析了福音派传承自 19 世纪布道家芬尼(Charles Finney)的布道法在神学上的谬误。

把救赎福音的信息从教会带到巨型体育场,在政治竞选的演说场合当中宣扬教会信仰,都是把教会内部的可信结构带到教会以外的领域,这很容易使得教会与公众领域之间的界线变得模糊。诚然"separation of state and church"的概念不该被理解为邦政与教会的切割——它并不是"政教分离"的意思:严复先生正确地将此"separation"译为"分立",如同"separation of powers"乃"三权分立"。然而,就连在最为强调文化使命的新加尔文主义传统当中,教会与邦政、社会文化之间,都有不可磨灭的界线。正统的新加尔文主义——不是变质的凯旋凯波尔主义(triumphalist Kuyperianism)——以卡尔西顿的逻辑来理解政教关系:两者间具有不可磨灭的区别(abiding distinction)及不可分离的联合(inseparable union)。

在所有福音派的宗派当中,新加尔文主义其实是最能够支持新福音派运动的。传统浸信会向来主张政教分离,在美国 19 世纪禁酒运动等社运中扮演的角色,主要都是在教会内部提倡其宗派信仰的价值观,不像长老会那样积极参与政治。因此亨利在书中特别提出,"人们可以像浸信会信徒那样相信政教分离,但无需放弃自己的政治才干,而把这个领域留给无神论者。"(第 63 页)路德宗神学看待基督徒作为两国公民的身份时,倾向于强调双重身份之间的佯谬(如稍早所述,这种辩证逻辑是路德宗神学的特色),因此能够容许基督徒在两个国度中采取两套相违的标准。例如,一个相信上帝设立婚姻乃一男一女的基督徒,在政治上可以支持同性婚姻合法化(笔者真的认识这样的信义会牧者）。这类的公众神学进路，对于亨利等福音派运动领袖而言，都较难直接用以支持他们的社运蓝图。新加尔文主义所提倡的"文化使命"，却鼓励基督徒公民以基督教世界观参与人类社会文化各个领域——这派神学的创始人凯波尔（Abraham Kuyper）甚至曾出任荷兰总理！——因此能够为福音派运动提供严谨而深厚的神学基础。

笔者并不反对福音派运动，只是为此运动薄弱的神学基础感到担忧，更担心这运动的社会向度取代其神学与信仰的实质。如此，福音派将救赎的福音带进公共领域而不经意地试图将社会教会化的同时，许多福音派的教会也被社会化、政治化了。对于福音派当前的处境，笔者认为新加尔文主义不但能够提供它所欠缺的神学内涵，亦能为福音派的社会与文化参与带来重要的提醒以及指导原则。事实上，当代最具影响力的几位福音派领袖已经渐渐把某种形式的新加尔文主义变成福音派的主流路线之一，提摩太·凯勒（Timothy Keller）牧师即为一例。福音派运动创始人之一、亨利的战友奥肯嘉，其实也深受新加尔文主义的影响，他所创办的富勒神学院虽然后来出了一批将新正统神学引进福音派的学者，但这间学府一直保留着新加尔文主义的传统。为本书 2003 年再版撰写前言的毛瑞祺教授，就是富勒学派新加尔文主义近二十年来最具影响力的人物之一。这些福音派新加尔文主义者的努力已经有了可观的成果，赢得了许多年轻福音派基督徒的信赖，也帮助他们学会在救赎福音及社会参与、教会与邦政、耶路撒冷与雅典之间拿捏那条"不可磨灭的区别"与"不可分离的联合"的微妙界线，亦即"入世而不属世"的原则。

## 新加尔文主义："领域主权"与"对偶原则"

有鉴于新加尔文主义近十多年来在美国福音派内部带来正面变革的成果，我们在本文最后不妨简短地介绍一下这套思想在公共神学方面的论述（其实公共神学并非新加尔文主义最主要的向度）。相信读者在此框架下阅读本书，能够从中整理出许多重要的原则，也能够认识到它所代表的早期福音派社会运动在神学方面的不足之处，进而反思当代华人福音派的路线与去向。

新加尔文主义的公共神学有两大主要概念，即"领域主权"（sphere sovereignty）及"对偶原则"（antithesis）。凯波尔创办阿姆斯特丹自由大学时，在创校演说中讲了一句名言："在我们人类实存的整个范围当中，没有一方寸是万有的主宰基督不指着它，并呐喊：我的！"这里涉及了一个概念，就是人类实存的范围，可以分隔出不同的领域。每个领域都有它自己的相对主权，唯独基督是所有领域的主宰，而基督徒的责任乃是在不同的领域当中，按照神在各领域所设立的法则，见证基督的主权。而这就意味着，基督虽一方面早已在每个领域作王掌权（就连撒但都在他的主权之下），另一方面每个领域都仍有未重生的人类意识在与基督的主权相抗。凯波尔提出了许多相互对立的"对偶"，而其核心就是"两种意识——重生的与未重生的；而这两者不可能相同"。[2]

在所有领域中，首先主动而全面地以重生的意识表达降服于基督之意愿的，乃是教会，且在基督再来之前，教会是唯一如此的领域。教会之为教会而非其他的领域，就在于它是唯一一个改革宗神学称为"救恩媒介"（means of grace）的领域。教育不能成为救恩的媒介；

政治不能成为救恩的媒介；家庭不能成为救恩的媒介。圣道的宣讲与圣礼的施行，是单单属于教会的。假如我们把巨型体育场、政治演说台、学校课堂当成宣讲圣道的救恩媒介，我们就破坏了神设立教会为教会的独特性，也破坏了神设立这些领域的功能。

的确，新加尔文主义非常入世，在政治及学术上尤其积极。但事实上，荷兰改革宗教会（Dutch Reformed Church）从来就不是荷兰的国家教会（state church），新加尔文主义也未曾试图设立任何国家教会。凯波尔确实曾出任荷兰总理，新加尔文主义者甚至成立了名为"反革命党"（反对法国大革命所提倡的那种人本民主）的政党。实际参政的新加尔文主义者往往也擅于政治而对神学缺乏精细的拿捏，因此会犯一些神学上的错误，譬如许多反革命党人士支持殖民主义，认为它能有效地将基督教信仰与文化导入被殖民的文明。但主流、正统的新加尔文主义，也确实排除了"以政治左右信仰""以国政判断真理"的思想。

新加尔文主义所提出的圣经神学核心原则，有时被称为"基督中心论"（Christocentrism），这是指整本圣经的救赎历史以及整个受造界的历史，都是以基督为中心而在"创造-堕落-救赎"的主轴上展开。这套圣经神学主导着新加尔文主义的公共神学。这种整全的基督中心论，较之 20 世纪最有名的巴特主义基督中心论，更能帮助基督徒参与政治、立法等公共领域。巴特否认"基督教世界观"的可能性，因为他认为神原初创造的秩序已经在堕落后的世界变得不可知了，我们所能认识的关于神的事，都是在基督复活之工当中的事。巴特也将邦政归于神在基督里的救赎计划，他并不认为我们可以知道神在原初创造世界的秩序中有没有法政的领域。如此，巴特全然拒斥了"自然法"（natural law）的可能性，因为"自然"属乎神原初的创造。

新加尔文主义则将法政以及一切人类社会的领域归于上帝原初创造的秩序。

神创造万物乃"各从其类"（创1：24-25），而人类的实存也有许多不同的领域，各从其类。每类事物的运作皆需遵循其天然法则，同理，人类实存的不同领域也各有其天然法则。家庭的运作有其法则；企业的运作有其法则；政府的运作有其法则。如果用照管家庭的法则来管理企业，会造成许多问题：家族式的企业总会出现许多弊端，这并非偶然。如果政府首长把自己当成一国的大家长，同样会造成许多社会问题。社会的运作有其天然法则，而研究社会的社会学家需要依照这些法则来制定他们的学术方法。物理学、生物学、医学、法学、哲学、神学、音乐学等不同学科，也因研究的领域不同而需要建构不同的学术方法论。我们不能拿研究神学的方法去研究物理学，把所有的现象都直接解释为"上帝之手"的作为。加尔文清楚区分上帝超自然的"第一因"与受造世界的"第二因"，自然科学研究的是后者而非前者，因此神学家不能总是嚷着把目的论的概念带到自然科学的研究当中，而应该尊重自然科学的领域主权。

神造天上的飞鸟，用翱翔的姿态来彰显他的荣耀。神也造水里的鱼，在水中自在地遨游，彰显他的荣耀。受造人类的每个领域，也都按着它天然的法则来诉说神的荣耀。荣耀神，并不是只有唱教会的赞美诗一种途径而已。荷兰画家维米尔（Vermeer）那幅名作《倒牛奶的女仆》，充分说明了后来的荷兰新加尔文主义所阐述的"领域主权"：当那名女仆带着敬业的心，日复一日地将牛奶倒入容器中，她就是在她所属的领域中荣耀神了。

而这就涉及改革宗所理解的"普遍恩典"。NBA基督徒球星库里（Stephen Curry）神准的三分球，与他信不信主没有关系。林书豪也信主，但他就是投不出那种三分球。然而，一个重生之人的认知，跟一个未重生之人的认知，却有天壤之别。林书豪打球没有科比（Kobe Bryant）打得好，但对林书豪而言，篮球的意义在于荣耀神、享受神所赐的这个运动。篮球对他而言，自身就是敬拜神的一种方式。对未重生的意识而言，篮球的意义或许在于彰显自己的荣耀、团队的荣耀、这项体育运动的荣耀、运动员精神所体现的人类的尊严等。这些其实都很好，都是在篮球或者体育这个领域里面，神彰显他荣耀的方式。科比打球打得好，就算他自己不归荣耀给神，神依旧在科比身上彰显了他的荣耀。

所以，我们可以问：当我们讲"基督教世界观"的时候，是否意味着有一种东西叫做"基督教篮球观"？在一种意义上来说，没有；在另一种意义上来说，有。神造万物，使万物各从其类，都是要述说他的荣耀，而人类社会的每个领域，也都以荣耀神、享受神为目的。基督徒球迷以及球员，会把篮球当成敬拜神的一种途径、述说神荣耀的途径，这便是基督徒的篮球观。但是基督徒的信仰，不会指导我们如何灌篮更有气势、如何投三分球更准、怎样组织进攻防守更有效率。我们也不需要重生的理性，才能明白什么叫做运动员精神、团队精神。这些规律，是属于篮球的领域、体育的领域，不属于教会的领域、福音的领域。

教会借由施行圣礼、宣讲圣道而传递救赎恩典，借此荣耀神。教会不是打篮球的地方。基督徒进了 NBA，也不是要在球场上颁授圣餐、宣讲圣道，一面打球一面唱赞美诗来荣耀神。不同的领域有不同的法则，不可混淆。政教关系也是如此，但法政涉及道德，而道德与信仰是不可切割的。参政的基督徒应该按着基督教世界观的道德标准来决定他们应当采取哪些政治手段、推行或阻止那些政策等。然而,他们也必须谨记,竞选场合或者国会议事殿堂不是神所设立的救恩媒介,也不是用教会圣礼与诗歌赞美神的领域。

凯波尔认为,神将"管理"的使命赋予亚当,而这种"文化使命"意味着在伊甸园中,受造的秩序已经包括法政治理的领域了。同样地,神六日创造万物,第七日休息,因此在神原初创造的秩序中,第四诫就已经生效,而教会的领域也已然涵盖在其中,作为专门在仪式上敬拜神的领域。新加尔文主义主张,"法政"与"教会"分别有不同的"领域主权",而在堕落后的世界当中,法政的领域因普遍恩典的缘故,仍可由自然法规范,但教会的领域却惟独由圣经所启示的救赎福音原则规范。如此,荷兰新加尔文主义在加尔文笔下的"两个政权"(twofold government:《基督教要义》4.20.1)之间,作出了清楚的区分:国政归国政,教会归教会。这两者因同在地上等候上帝国度的降临而有不可分离的联合,却同时具有不可磨灭的区别。

在此我们不可忘记凯波尔的"对偶"之说:此说主张,基督教与非基督教的世界观在本质上乃是对立的。根据巴文克(Herman Bavinck)及范泰尔的解释,这种对立意味着,"自然启示"虽于其自身之在体性(ontic)意义上乃不证自明,但由于罪对理性认知的纯理性影响(noetic effects of sin),人们对于"自然"必然在不同的世界观前设下作出歧异的解释(参罗 1:18-32;对照罗 2:14-15 及 3:9-20),以至于"自然"并非对所有人皆"不证自明"。

当代福音派所密切关注的婚姻制度议题,其实就凸显了这关键的神学与圣经原则。当代许多反同婚法的基督教团体,诉诸"自然法"以维护"传统婚姻"之制度。然而,"一夫一妻"制度以及相关的"妨碍家庭"条例,事实上都是西方文明所特有的。"一夫一妻"是在长久深远的基督教文明中被公认为"自然""传统""不证自明"。就连新约时代的犹太教，亦无此制度。摩西律法未曾将此制度纳入犹太社会的公民法。旧约律法在婚姻制度上并未全然呼应上帝造物之旨意的事实，一直到新约时代，才由耶稣指出（太 19：7－8），而"一夫一妻"的原则，是到了使徒时代才由保罗提出（提前 3：2；多 1：6）。第二世纪的殉道士查士丁（Justin Martyr）在与犹太教辩道的著作中，指出当时犹太社会，一个男人通常会娶四五个女人。

简言之，唯有在基督教世界观之中，当代反同婚人士所主张的"传统婚姻"，在主观纯理性意义上才能够被称为"自然"。现代"自然法"传统中的道德价值及相应的法律制度，在当代去基督化的世界文明当中，在主观认知上早已不再是放诸普世而皆准了。未重生的理性既不在基督教世界观的预设框架下，则很难理所当然地将一男一女的婚姻视为"自然"；许多同运人士会认为，同性恋者在自然本性上就是同性恋，因此同婚与异性婚都是自然的。

保罗在使徒时代的多元主义希罗社会中，并未以"自然法"为依据，用国政法制落实基督徒所视为"自然"的价值（主奴平等、一夫一妻等），而是采取了一条内在信仰的道路。这并非"政教分离"式的"两国论"，更非"耶路撒冷与雅典有何关系"的隔离主义。反之，真正在历史上产生文化、社会、政治影响力，以致终于颠覆罗马暴政及纵欲文化的，乃是这条内在信仰的道路。新加尔文主义的"对偶"论为我们指出，在一个非基督教的多元文化当中，基督徒不可能说服社会大众接受基督教的一夫一妻制为"自然"的"传统婚姻"。

当然，有些新加尔文主义者在这一点上自相矛盾。他们将"文化使命"这创造论的概念赋予末世论的意义，以为用地上政权施行天国律法，就可以加速天国的降临。这种观点就是稍早提到的"凯旋凯波尔主义"，本文一开始提及的特朗普任内教育部长戴弗丝，信奉的正是这种变质的新加尔文主义。19世纪以后，主流、正统的荷兰改革宗神学采取了非千禧年论的末世观。这立场同时接受"世界历史趋向败坏"及"世界历史趋向圣洁"。

当然，较之欧陆国家，美国的情况非常特殊。美国开国之父多数是基督徒及深受基督教文明影响的自然神论者（deists），他们在开国宣言中已将自然法当成美国的法政基础。基督教与自然神论者的妥协，基本上是一条自然神学（natural theology）的路线：它否认了《罗马书》一至三章关于罪对理性之影响的论述，而主张基督徒与非基督徒凭着相同的"自然理性"（natural reason）及"本性之光"（light of nature），对"自然启示"会得到同样的认知。换言之，美国开国宣言主张，其提出之道德第一原则，对于基督徒与非基督徒而言是同样"不证自明"的。这种天真的神学思想无法解释，为何中国先秦诸子当中，没有一人提出"人人受造而平等"的论述并视之为"不证自明"。

由于"自然法"的法政基础，美国无法在婚姻之定义等伦理学议题上规避元伦理学（meta-ethics）的终极难题，承认邦政在形而上真理问题上的必然无知。换言之，自开国以来，美国政府便已因基督教与自然神论相互妥协所产生的自然神学而"教会化"了。如此，美国政府的立法及司法权便无法在同婚等伦理议题上保持中立（马萨诸塞州最高法院2004年关于同婚的指标性判决已充分说明这点）。然而，东亚非基督教多元文化国家并没有同样的难题：我们的政府无需执着于"自然法"，并被其预设的形而上学问题所困扰。

在新加尔文主义的公共神学模型之下，国政在神学真理的问题上确实应当保持中立。而荷兰的例子证明，国政在真理问题上真的可以保持中立，因而让教会与国家各得其所：基督的归基督，凯撒的归凯撒。当然，笔者完全同意亨利所言，政府在关乎信仰的真理问题上若保持中立，那至终会变成纵容犯罪。事实上，在信仰上，政府是不可能真正中立的：彼拉多在信仰上的中立，就意味着将基督处死。但同时，政府若在真理问题上采取任何立场，就算是基督教的立场，那么这政府就被"教会化"了。这是堕落后的世界所面临的必然矛盾，不仅是法政的领域，任何教会之外的领域皆然。

教会有时也落入此矛盾中，但这并非必然的。关键就在于教会如何尽她对社会的义务：若教会诉诸地上政权将信仰法制化，那么到最后，我们将没有任何理由不同意加尔文判塞尔维特（Servetus）死刑（其实加尔文个人并不希望这名异端人士死去，但按照他的公共神学原则，异端是应当被判刑的；他曾向日内瓦市议会求情，不要对塞尔维特用火刑，但市议会没有答允）。宗教改革初期还没有厘清的公共神学原则，经过了三个多世纪的发展与沉淀，在新加尔文主义这里得到了很好的解答（这再次说明神学传统的重要性）。

## 结语：入世，但不属世

教会的政治责任在于提醒社会"行公义，好怜悯"（弥 6：8），但绝非以教会之外的领域法则为手段，在社会各领域塑造基督教信仰的可信结构，强求世人"与神同行"。那么，这是否意味着教会应当对社会冷漠呢？凯波尔、巴文克等新加尔文主义者会坚决宣称：绝非如此！新加尔文主义主张，教会与政府等所有受造领域，皆同属上帝的国度，而教会在地上有积极影响社会的义务。

然而，教会在进行社会参与的行动时，必须谨记三个重要的区别（distinctions）：（1）"有形教会"及"无形教会"；（2）"争战的教会"（Church Militant）及"得胜的教会"（Church Triumphant）；（3）"教会"与"基督徒公民"。

"有形教会"乃外在的教会组织,是社会性的实体;"无形教会"是所有重生信徒的总和,是概念性(ideal)的实体。"有形教会"是"无形教会"的外在彰显,是上帝施行救恩的媒介。作为地上社会性的实体,有形教会的职责诚如亨利所言,在于宣告基督救赎的福音,而在行使这使命时,必须严格避免将自身社会化。有形教会不应以社运为手段,将信仰加诸世人。如此,假如福音派运动仍欲以社会运动作为自我定位(如同亨利在本书中非常明确地提出的),那么"福音派"就不该被视为有形教会的组织。

同时,"上帝国度"这概念并非局限于教会。诚如凯波尔所言,教会的呼召乃是在天父世界的每个领域(政治、家庭、商业、教育等),用基督教世界观实行"治理"(创 1:26 - 28)的使命。这就是新加尔文主义所谓的"文化使命"。这使命不是有形教会的职责:在"各从其类"的有形受造界中,教会不可取代政府、家庭、学校等领域。如此,"治理"的使命就属乎"无形教会"。福音派可以重新被定位为无形教会的一种社会行动体现,有形教会固然参与其中,但不可与其等同。

在堕落后的世界上,"治理"必定意味着"争战"。唯有基督再临时,教会才会成为"得胜的教会"(正如《纳尼亚传奇》中的争战,需要等狮子阿斯兰亲临,仇敌才会被消灭)。今天的教会,乃是"争战的教会",而既然"治理"的职责属乎"无形教会",那么"争战"的也必须是"无形教会":"因我们并不是与属血气的争战,乃是与那些执政的、掌权的、管辖这幽暗世界的,以及天空属灵气的恶魔争战"(弗 6:12)。

如此,我们就必须区分地上的"(有形)教会"及"基督徒公民"。所有的基督徒皆蒙召,在圣经的亮光中理解神在各领域所设立的自然法则,以此为价值判断的基础,在各领域中以社会公民的身份进行

"治理"与"争战"的工作；但当他们这么做的时候，他们必须谨慎，明白基督徒所认知的"自然法则"对于非基督徒来说并不是"自然的"。就法政领域而言，与其将"自然法"加诸地上邦政，不如采取"实证法"(legal positivism)的进路，允许政府在真理问题上保持中立的同时，又能够借由显示基督教与非基督教世界观的道德价值在社会上所带来的实质利弊，让政府在法律与政策上能够"行公义，好怜悯"，同时又不强迫政府采取基督教世界观的预设，在信仰上"与神同行"，试图将政府"教会化"。事实上，这也能够帮助福音派运动旗下的教会避免过去数十年间迅速而严重的"社会化"。

简言之，上帝国度在教会之外的各个地上领域所施行的治理，在基督再来之前，必须是无形的。教会作为救恩媒介的领域，以及地上包含受造界所有领域的"世界"，具有不可分离的联合，以及不可混淆的区别。而这两大原则教导我们，基督徒以及教会在地上应该"入世但不属世"。在某种意义上，这正是新加尔文主义的核心，而在笔者看来，这是归纳圣经所有公共神学的教导后最合理的解释。

新旧约圣经对于这个公共神学的指导原则，有多次多方的阐述。在笔者的理解当中，最密集的阐述，出自《约翰福音》。《约翰福音》从第1章，就用"道成肉身"这圣经救赎历史的最核心，告诉我们这堕落的世界是基督"自己的地方"，但这世界却不接待他。这是神所爱、所拥抱的世界，神所造的世界，又是与神为敌的世界。世界与从教会起始的基督国度之间的冲突，从耶稣骑驴进耶路撒冷(约12)，就开始急速加剧。主耶稣进城后，宣告"现在这世界受审判，这世界的王要被赶出去"(约12：31)。但是在同一章的47节，主耶稣又说，"我来本不是要审判世界，乃是要拯救世界。"但是到了15章，主耶稣又对门徒说："你们若属世界，世界必爱属自己的；只因你们不属世界，乃是我从世界中拣选了你们，所以世界就恨你们。"在 17 章，主耶稣受难前为门徒祷告，对父神说："我已将你的道赐给他们。世界又恨他们；因为他们不属世界，正如我不属世界一样。我不求你叫他们离开世界，只求你保守他们脱离那恶者。他们不属世界，正如我不属世界一样。求你用真理使他们成圣；你的道就是真理。你怎样差我到世上，我也照样差他们到世上。"这个"入世，但不属世"的原则，还有这原则背后"两个国度"之间的张力，在《约翰福音》18 至 19 章达到了高峰。彼拉多代表世界政权的最高峰，在矛盾之间判了耶稣死刑，而耶稣得胜的方式，乃是走上十字架的道路。教会之为教会，就是跟随耶稣走这条路。一旦十字架变为十字军，教会便不再是教会。然而，当教会忘记"这是天父世界"，以致不再祈求"愿你的旨意行在地上"时，盐就失了味，教会也不再是教会。教会之为教会，不可离世，亦不可属世。

"入世而不属世"，其实正是亨利在本书不断呼吁的原则，或许他所提倡的社运计划在许多方面没有贯彻这原则，但对于当时为了不属世而严重离世的基要派而言，这本书无疑是一剂良药。这剂良药有一些副作用，在今天已经非常明显，我们这一代福音派基督徒应当效法亨利当年作为基要派人士自我反省的精神。就像他当年为基要派"动手术"，我们今天也该开始为福音派进行诊疗，重拾"入世而不属世"的原则。

**注释：**

1. Judith Wolfe, "Eschatology," in J. Rasmussen, J. Wolfe, and J. Zachhuber, eds., *Oxford Handbook of Nineteenth — Century Christian Thought* (Oxford: Oxford University Press, 2017).

2. Abraham Kuyper, *Lectures on Calvinism* (Grand Rapids: Eerdmans, 1931),133.

**图书在版编目(CIP)数据**

现代基要主义不安的良心/(美)亨利(Henry, C.F.H)著；
陆迦译. —上海：上海三联书店，2023.12 重印
（基督教历史与思想译丛）
ISBN 978 - 7 - 5426 - 5195 - 2

Ⅰ. 现…　Ⅱ. ①亨…②陆…　Ⅲ. 基要主义-研究
Ⅳ. ①B972

中国版本图书馆 CIP 数据核字(2015)第 110344 号

# 现代基要主义不安的良心

著　　者 / [美]卡尔·亨利

译　　者 / 陆　迦

丛书策划 / 橡树文字工作室

特约编辑 / 橡树文字工作室

责任编辑 / 邱　红　陈泠珅

装帧设计 / 周周设计局

监　　制 / 姚　军

责任校对 / 张大伟

出版发行 / 上海三联书店

　　　　　(200030)中国上海市漕溪北路 331 号 A 座 6 楼

邮　　箱 / sdxsanlian@sina.com

邮购电话 / 021 - 22895540

印　　刷 / 上海盛通时代印刷有限公司

版　　次 / 2018 年 4 月第 1 版

印　　次 / 2023 年 12 月第 2 次印刷

开　　本 / 640mm×960mm　1/16

字　　数 / 100 千字

印　　张 / 8.5

书　　号 / ISBN 978 - 7 - 5426 - 5195 - 2/B·418

定　　价 / 35.00 元

敬启读者，如发现本书有印装质量问题，请与印刷厂联系 021 - 37910000